50ヵ国語習得法

誰にでもできる、いまからでも間に合う

新名美次　著

カバー装幀／芦澤泰偉・児崎雅淑
カバーイラスト／蛭子能収
　　　　　　　　（協力：デイリースポーツ）
本文カット／小田やよい
本文・目次デザイン／齋藤ひさの（STUDIO BEAT）
地図／アトリエ・プラン

改訂版まえがきにかえて

　1994年に『40ヵ国語習得法』をブルーバックスで出版してから，21年が経ちました。私はニューヨークで眼科を開業していますが，アメリカに住んで47年になります。

　人種のるつぼとも言われるここニューヨークでは，国外からの移住者がとても多く，街を歩いていても英語以外の言語をよく耳にします。アメリカに来た当初は，ドイツ人移住者の多い地域に開業していましたが，現在私は，国連本部のすぐ近くに拠点を移し，眼科医として，日々，さまざまな国の患者を診察しています。

　外国語の習得は，私にとって趣味の一つともなっているのですが，患者さんに合わせてわかりやすく説明し，適切なコミュニケーションを取るために，相手の言語で会話をすることは非常に重要だと感じています。

　すでに40ヵ国語をマスターしていたわけですが，私はこの21年間で，新たに10ヵ国語を習得しました。複数の言語を使いわけて，仕事をしています。

　日本においては，英語を社内の公用語にする企業も出てきており，今後，ますます外国語の重要性が増してくるでしょう。世界各国の情勢も変わってきています。そうした状況を踏まえ，この度，新たにマスターした言語の解説や最新の情報を加えて，改訂版を出すことになりました。

　最近は，インターネットの発達により，どの国にいても，手軽に外国語に触れられるようになりました。YouTube などがその典型と言えますが，インターネットを使

った言語学習は、ネイティブスピーカーの会話を何度も繰り返し聞いて練習できるので、語学習得には非常に便利なツールです。必ずしも高額な教材を購入したり、外国語会話の教室に通ったりしなくても、誰でも手軽に言語学習を始められる時代になったとも言えるでしょう。

　折しも日本は、2020年に東京オリンピックの開催を控えています。その頃になると、世界じゅうの人々が、日本を訪れ、今よりもっと外国人と接触する機会は増えるはずです。その人の国の言葉で、簡単なあいさつをするだけでも、親近感が増すものです。そこから、あなたにとっての新しい世界が開けるかもしれません。

　私が50ヵ国語をマスターしていると言うと、皆さん驚かれますし、信じられないと言われることも多いのですが、これは決して不可能なことではありません。

　たとえばこの改訂版では、言語集団の分類に基づいて、順番に言語を紹介しています。同じ言語族に属する言葉は、類似する点が多いので、一つの言語を覚えると、関連して別の言語も覚えやすくなるのです。

　そうした習得のためのコツさえつかんで、努力を惜しまなければ、言語は誰でもマスターできるものなのです。「自分には無理」と諦めていた方も、ぜひこれを機に挑戦してみてください。

　本書を通して、少しでも多くの人が外国語の習得に興味を持ち、外国語を習得することで自分の世界が広がっていく素晴らしさに気づいてもらえることを願っています。

2015年10月　新名美次

旧版まえがき

　言語の学習は，終わりのない旅のようなものです。一見，キリがなく，先が見えないため，途中で挫折する人も多いように思います。しかし，強い動機をもち，具体的な目標を定め，実行可能な計画を立てて，繰り返し練習すれば，誰でも外国語のいくつかをものにすることができます。知能，年齢，記憶力よりも，「どうしても学びたい」という強い情熱と，繰り返しあきずに続ける粘りこそが大切です。旅の行き先を決めるのは本人なのです。

「知ることは愛することなり」といわれるように，外国語の学習が少し進むと，だんだんおもしろくなります。言語を愛し，その背景の歴史，文化を知り，自分をその言語を話す人々の間に入れる努力をすることが大事です。私は言語学者ではありません。語学教師でもありません。実用的なことばを，趣味として学んできた人間です。言語は常に「ある目的」を達する手段であることを忘れずに，本職の医学の勉強のあい間に，言語の学習を続けてきました。

　現在アメリカのニューヨークで眼科専門医として開業し，忙しく動き回っています。ニューヨーク医科大学では，若い医師の教育にも携っております。アメリカ人の秘書の書いた英語を直すこともしばしばです。医者同士の深刻な議論もしなければなりませんし，裁判にも勝たねばなりません。故エドウィン・ライシャワー氏の夫人は，日系人ですがアメリカ生まれです。彼女は，自分より夫のほうが日本語に詳しいことを認めていました。要するに，外国

に生まれ育たなくても,言語能力というものは,訓練と学習によってものにすることができることを示しています。

この本を書くきっかけは,高校・大学時代からの親友,上出洋介氏(現在,名古屋大学名誉教授・宇宙科学)の助言によるものです。専門分野とふだんの居住場所は大きく離れていますが,上出氏とは一年に一度は会い,人生を語り合っています。こうした交友の中で,話が語学学習のことになることもしばしばあり,彼はこの本の出版や内容について,ブルーバックス編集部とさっさと話を進めてしまいました。

書き始めの頃は,長女雪子と沢田みわこ嬢の助けを得ましたが,書き進むにつれて,私のオフィスのスタッフに原稿の整理をしてもらいました。また,Berlitz の Language／30シリーズ,Graham E. Fuller の "How to Learn a Foreign Language",Robert McCrum 他の "The Story of English",研究社『新英和大辞典』(1966年)中の市河三喜氏による「英語の歴史」を参考にしました。各国語の挨拶語紹介の項に関しては,挨拶語の選択と配列を中心に,児玉讓次先生(北海道大学名誉教授)が『北大医学部同窓会誌1985』に寄稿された「2ダースの言葉で2倍楽しめる海外旅行」を参考にさせていただきました。さらに,木下浩利氏(元筑紫女学園大学教授),相原茂氏(元お茶の水女子大学教授),黄民基氏からも貴重なご助言をいただきました。これらの方々,並びに参考にさせていただいたその他の多くの文献,教材の関係者の方々に,この場を借りてお礼を申し上げます。　　　　新名美次

50ヵ国語習得法

改訂版まえがきにかえて　3
旧版まえがき　5

1 私と外国語　13

外国に行ったこともなかった　13
中学1年生——ラジオ『基礎英語』から　15
中学2年生——ラジオ『英語会話』を始める　16
高校入学——ドイツ語，フランス語を始める　19
高校2年春——スペイン語，ロシア語，中国語を開始　21
進路に迷う　23
医学部へ転部　24
語学はどこにいても，誰にでもできる　25

2 アメリカ生活と言葉　27

数ヵ国語を交互に使っても混同しない　27
YES, NOの態度をはっきりさせないと通じない　29
チャンスを見つけてどんどん使う　30
アメリカ英語の多面性　33
ジョークは会話のエッセンス　35

3 なぜ外国語が必要なのか？ 37

自分の動機をはっきりさせる	37
外国語が話せることのメリット	38
イメージトレーニングは有効	39
外国語を知ると日本語がよくわかるようになる	41
話し上手への道に同じ	42

4 挫折しない秘訣 45

自分を信じること	45
天才たちの3つのやり方に学ぶ	48
長期目標と短期目標を定める	49
自分をほめまくる！	50
メンタルシミュレーションで結果を出す	51
楽しむためのワザ	53
「なぜ？」と考えてはいけない	55

5 集中力アップ法と記憶術 56

朝型のすすめ	56
10分あれば単語3つ	57
空腹時に勉強する	58
リラックスしているときがチャンス	59
すべての源は体力	61

6 社会人のためのやり直し勉強法 62

最初は気楽なクイズ感覚で	62
教材は薄いものを選べ	63
文章を書きながら声に出す	64

好きな映画のセリフを繰り返し聞く	65
勉強だと思わないこと	66
遠くのゴールと近くの目標	67

7 英語を基本に次の言語を学ぶ 68

英語だけでは後れをとる	68
2言語以上を同時にマスターできる	70
ヨーロッパの言語の成り立ち	71
英語の成り立ち	73
英語から他言語同士のつながりを探る	78
フラー式 英語・ロシア語連想法	84

8 初めは口慣らしから 86

正しく発音するための3つのルール	86
各国語の発音比較	88
鏡の前で発音練習	89

9 言語の規則 91

単語の成り立ちのパターンに注目	91
英語1──語尾にenを付けて動詞が作れる	91
英語2──合成語が作れる	92
ドイツ語，ロシア語の場合	95

10 訳さずイメージをふくらます 97

言葉の意味と現実を直結させる	97

11 文法は時間の節約になる 100

子供は繰り返しの中で言葉の法則を覚えるが……	100
大人にとって，文法はむしろ簡単	102
英語と他言語の文法の違い	105

12 文章の覚え方 109

ていねいな文章を覚えること	109
いつ外国語の夢を見るようになるか	110
反復トレーニング	110
リスニングも，また繰り返し	112

13 単語力をつける 114

「いくつ知っているか」より「いくつ使えるか」	114
カードを使う	115
反射的に意味が出るようになる	117

14 女性詞，男性詞，中性詞 119

性の区別はひたすら暗記	119

15 スランプに落ち込んだら 122

スランプは必ずやってくる	122
スランプ克服法	124

16 外国語をマスターできるのは，いつ？

外国語学習に終わりはないが，目的地はある	130
「ネイティブ」を目指してはいけない	132
使える時間から目標を設定する	133

2つ目の外国語はもっと楽　　　　　　　　　　136
　　さまざまな学習教材の特徴　　　　　　　　　　136
　　学ぶための決意はあるか　　　　　　　　　　　139

17 民族性と言語と宗教　142

　　教会の意義　　　　　　　　　　　　　　　　　145

18 現代の移民の新しい波　147

　　新しいディアスポラ　　　　　　　　　　　　　147
　　民族の大移住――生き残りのためから，
　　よりよい生活のための移住へ　　　　　　　　　147
　　世界の言語話者人口のまとめ　　　　　　　　　151
　　征服者による言語の抑圧の歴史　　　　　　　　154
　　クロアチアとポーランドの状況　　　　　　　　155
　　民族の大量虐殺　　　　　　　　　　　　　　　156
　　同じ国でも違う言語を話す人々　　　　　　　　157
　　多民族国家，アメリカ　　　　　　　　　　　　157

19 外国語はこんなにたくさん　159

　　私の学んだ外国語　　　　　　　　　　　　　　159

ラトビア語 Latvian　162	アルバニア語 Albanian　179
リトアニア語 Lithuanian　164	マケドニア語 Macedonian　181
ポーランド語 Polish　166	ブルガリア語 Bulgarian　183
チェコ語 Czech　169	ロシア語 Russian　185
スロバキア語 Slovak　169	ウクライナ語 Ukrainian　190
セルビア語 Serbian　173	デンマーク語 Danish　192
クロアチア語 Croatian　173	スウェーデン語 Swedish　195
スロベニア語 Slovenian　175	ノルウェー語 Norwegian　197
モンテネグロ語 Montenegrin　177	アイスランド語 Icelandic　200

英語 English 202	ギリシャ語 Greek 252
ドイツ語 German 205	ヘブライ語 Hebrew 257
オランダ語 Dutch 209	マルタ語 Maltese 262
フラマン語 Flemish 212	トルコ語 Turkish 264
イディッシュ語 Yiddish 214	ペルシャ語 Persian 267
アイルランド語 Irish 218	アルメニア語 Armenian 270
ラテン語 Latin 222	ヒンズー語 Hindi 272
イタリア語 Italian 226	タミル語 Tamil 275
スペイン語 Spanish 230	アラビア語 Arabic 277
カタルーニャ語 Catalan 233	スワヒリ語 Swahili 281
ポルトガル語 Portuguese 235	中国語 Chinese 283
フランス語 French 238	韓国語 Korean 286
ルーマニア語 Romanian 241	インドネシア語 Indonesian 288
ハンガリー語 Hungarian 243	タガログ語 Tagalog 291
フィンランド語 Finnish 248	タイ語 Thai 293
エストニア語 Estonian 250	ベトナム語 Vietnamese 296

20 語学学習で人生をステップアップ 298

多くの外国語を話せて何が得られたか　　　　　　　　　298
前進，また前進の人生　　　　　　　　　　　　　　　301

参考文献　　　　　　　　　　　　　　　　　　　　　303

1

私と外国語

外国に行ったこともなかった

　私が五十数ヵ国語も話せることを知ると、たいていの人は「子供の頃から外国に住んでいたのですか？」と尋ねる。

　しかし私の場合、親が外交官や商社マンだったわけではないし、幼い頃から外国暮らしをしてきたわけでもない。また、留学生活を送った経験もない。まして、特別な語学の英才教育を受けたこともない。私は人生の二十数年を日本で過ごし、現在はニューヨークで眼科医として開業しており、決して、外国語のスペシャリストを生業にはしていない。ただ、私は、子供の頃から外国に興味があり、英語をはじめとした外国語を話せることに憧れ、努力し続けてきたに過ぎない。

　はじめに私がお話しすることは、私と外国語の出会いと、学生時代にした私の外国語の基礎勉強についてである。しかし、私の学生時代の学習法を社会人にお勧めすることはできない。なぜなら、非効率的で、時間がかかり過

ぎる。ただ，中学・高校生の人達なら私のやってきた英語の学習法をまねれば必ず，英語が得意科目になるだろうし，頑張れば他の外国語のマスターも不可能ではないだろう。

この本で，私は外国語を話せる楽しさや素晴らしさを1人でも多くの人に伝えたいし，外国語のマスターは誰にでもできることを私の体験をもとにお話ししようと思う。

私は，昭和18年（1943年），ごく平均的な日本の家庭に生まれた。北海道庁に勤務していた役人の父親と専業主婦の母親，1つ違いの姉と弟や妹の7人家族で，札幌市に生まれ，小学校に入学する頃は石狩湾を見下ろす手稲の高台に育った。夏は海で泳ぎ，ふだんは山をかけ巡るような自然に恵まれた環境の中で，山猿のような少年期を送っていたことを今でもはっきり思い出す。

そんな頃，中学生になった姉の英語の教科書を覗き見たのが，私と英語の初めての出会いだった。今では，英語やその他の外国の何がしかが日本中にあふれている。しかし，戦後少したったばかりの日本の片田舎には，外国製の物は何もなかった。

当時，私は小学6年生で，習ったローマ字の知識を駆使して英語のアルファベットを読んでみたが，何が何だかさっぱりわからなかった。同じ人間が書いたものなのに何が書いてあるのかわからない。その時，私は外国という得体の知れないものにぶつかったような戸惑いを覚え「世界に国がいくつあるか知らないが，あらゆる言葉を話せるようになれたらなぁ」と思ったことを，今でもはっきり記憶している。

子供の私にとって，知らないことは興味の対象に変わり，それ以来，私は，毎日，石狩湾を行き来する外国船を眺めるようになり，はるかかなたの外国を夢見るようになった。「中学生になったら英語をしっかり勉強して，外国航路の船長さんになろう」と，子供心に決心したのもちょうどその頃だった。

中学1年生──ラジオ『基礎英語』から

待望の中学生になって，英語への情熱にはなみなみならぬものがあった。船長さんになるためには，英語は不可欠で，何としてもアメリカ人のようにペラペラ話せるようにならなければならない。私は学校以外の英語の勉強を欲していた。しかし，当時は，塾や英語学校はおろか中学生用の英語の教材などもほとんどなく，カセットテープすらない時代だった。

私が探し出した学校以外の英語学習といえば，NHKラジオの入江定氏の『基礎英語』くらいで，まず私はこの講座を1日も休まず，1年間聞き通すことを決意した。この講座は1年間で中学2年生の英語まで教える。

やり始めると中学1年生の私には，1日でも休むとついてゆけなくなることがわかってきた。ましてテープレコーダーもない時代だったので，私はラジオにかじりついて先生の発音に耳をすまして聞いていた。確か，毎朝6時から15分間の放送で，講座の前半は前日の復習をし，後半は新しい4〜5行の英文を読み，単語や文法を勉強する内容だった。

私はこのたった15分間の講座の読み書きの繰り返しの予習復習に毎日1時間以上あて，構文を完全に暗記していった。また，時折，英語のうまい東京の中学生が出演していっしょに学習するコーナーもあり，負けず嫌いの私にとっては，彼らは格好のライバルになった。

　ここで，私の学習方法をもう少し具体的にお話ししよう。

　予習はまず新しく習う文章を声に出して読み，わからない単語の意味を調べて文章を理解する。

　復習は，習った文章を何度も声に出して，とちらなくなるまで読み，テキストを閉じて完全に暗唱できるまで，何度も声に出して繰り返す。

　2〜3ページの物語などを暗記する場合は，自分が作家になったような気持ちでそれぞれの場面を頭に描き，身ぶり手ぶりを加えて覚えるようにした。耳，目，口，手など五官を使って覚えることは，暗記をより完全にさせたように思う。

　さらに，週末には1週間単位のテキストを完全に復習し暗記していった。後にこの学習方法が，いわゆる「ミシガンメソッド」と呼ばれる方法だということを知ったが，私にとって，すべての勉強の基本になっていった。

中学2年生 ── ラジオ『英語会話』を始める

　中学2年生になって，今度はもう一段階むずかしい松本亨氏の『英語会話』を聞き，読み書きと暗記を引き続き繰り返した。この講座は，先の『基礎英語』に比べ，文法の

説明がほとんどなく，実用的な会話中心の内容だ。いろいろな場面が設定されており，実際に使える言い回しも多く，初めて生きた英語に触れる思いがした。

　学習方法は，1年生の時と全く同じやり方を繰り返したが，今度は復習に力を入れるようにしていった。特に内容が会話文だったので，アメリカ人のようにスラスラ言えなければつまらない。私は，自分の生活状況に英会話を組み込み，アメリカで生活しているような気持ちで何度も繰り返し暗記していった。その頃から私は，英語は「学問」ではなく「言葉」であることが少しずつわかってきた。

　この学習法のおかげで，学校の英語のテストはいつも100点で，「まったく，新名にはかなわん」と英語の先生をうならせることができたのも，私自身への励みになっていった。

　しかし，私はこの講座だけでは飽き足らず，夕方6時から毎日放送していた英語ニュース "News in English" に挑戦し始めた。この番組は，ブリティッシュアクセントのニュースキャスターが今日のニュースをペラペラと話す5分間の放送で，外国人の生の英語に耳を慣らすにはよい訓練になった。

　最初は，ニュースの内容がまったくわからず，わからない単語を片っ端からノートに書き留めていった。しかも，ニュースで話す単語には専門用語が大変多く，私の持っていた中学生用の辞書には載っていないものも多かった。このような場合は，後で学校の先生に尋ねるか，もしくは図書館で調べるようにして，自主的に解決するようにしてい

ったが,実際,むずかしい単語を覚えるのはとても大変だったことを思い出す。

しかし,毎日繰り返して聞いていくうちに,同じようなニュースのトピックスを何度も繰り返すので,自然に暗記できるようになってきた。

2〜3ヵ月も過ぎると耳も慣れてきて,自分でもニュースの内容がつかめるようになってうれしくなってきた。

中学時代の学習は,英語の文法と基礎の構文の徹底理解に努めた。大人の中には中学の英文法などとバカにする人がよくいるが,この中学時代に教わる基礎をけっしてバカにはできない。現在,アメリカ人の秘書と仕事をするようになって,意外にも彼女たちが簡単な文法の間違いをすることに驚いている。

またアメリカ,イギリスに長年住んでいれば自然に英語が上手になるというのもうそで,基礎ができていない人,学ぶ気のない人は何十年そこに住んでいてもあまり上手にならないものだ。

中学時代に父親が,日英対訳の英国の歴史と米国の歴史の本を買ってくれたので,何回も,暗記できるほど繰り返し読んだ。これがまた後で,時代による英語の変化の理解に役立ったと思う。中学2年の時,ラジオ『英語会話』の中で,リンカーンのゲティスバーグでの演説があった。その当時これはむずかしすぎて文の全てを理解したわけではなかったが,全文をまる暗記した。時々,アメリカ生まれアメリカ育ちの子供たちに暗唱してみせると,感心して聞いてくれたものだ。

高校入学 —— ドイツ語,フランス語を始める

 札幌西高等学校に進学し,私は早々にドイツ語とフランス語の入門ラジオ講座を聞き始めた。その頃から私は,英語以外の外国語を勉強したくてたまらなくなっていたのだ。そして,私の英語の認識が確実に変わってきたのもちょうど同じ頃だった。

 英語教諭・川上力先生との出会いは,私にとって英語が学習という次元から,アメリカという未知の国につながり,究極的に私がアメリカに住むきっかけになったように思う。正直に言って,私はそれまでの学校の先生方の英語の発音とラジオの発音の違いに戸惑いを感じていた。しかし,川上先生の発音は,私がラジオで聞いていたネイティブスピーカーに近い流暢なもので,驚いてしまった。

川上先生は当時では珍しくアメリカ政府交換留学生でシカゴ大学に学ばれた方で、先生の授業には一目おかねばならぬ気持ちになった。そして何よりも先生が授業の合間に朴訥な調子で話されるアメリカ体験談に、私は、本当のアメリカに触れた思いがして、興奮しながら聞き入っていた。アメリカの国土の広さ、人種、職業、社会問題など、日本とはまったくかけ離れた大きなスケールの話を聞き、アメリカという未知の国は、ちっぽけな日本に比べ、夢や可能性を数倍引き出してくれる素晴らしい国のように私には思えた。

　川上先生のおかげで、高校時代も英語がどんどん身近になっていった。そして、私は、高校1年と2年の間の春休みを利用して、高校3年間の英語を全部マスターする新しいチャレンジを思いついた。

　英語の教科書（荒巻鉄夫著）の1レッスンはだいたい2ページで、10から20のセンテンスが組み込まれていた。この教科書は他の参考書とちがって、英文を文の始まりから、読んでいく順に理解していく方法で、文の1語、1句、1節ずつ、文の頭部から出てくるまま理解し、文の主旨を次第に理解していくという方法がとられていたので、非常に良い方法だったと思う。

　まず、私は1日10レッスンすることを自分に義務づけた。初日からセンテンスの理解を始め、完全暗記、次の単語調べと暗記を繰り返すようにした。翌日はもう1度、前日の10レッスンをただ語感を養うように読んで復習し、また次の10レッスンを暗記した。

この勉強だけで私は，1日3～4時間を費やしたが，英語をどんどん理解できる楽しさに，時間などまったく苦にならなかった。

　努力の甲斐があり，全校模擬試験の英語は1番の成績を取ることができたことで，私は自信をつけた。もはや英語の勉強が楽しくてしかたがなかったし，もっと他の外国語も話せるようになりたかった。

　高校入学早々聞き始めた『フランス語入門』の講師，前田陽一氏のフランス語は，簡単な文章でも演劇の中のセリフ，哲学者の言葉などを例文としていたので，今でも時々思い出しては，なるほど覚えていてよかったと思う。彼の言った言葉で今でも覚えていることは，昔ヨーロッパでは，ラテン語または外国語を学ぶということが人の物の考え方を深くする訓練になるので，指導者の教育のために欠かせぬ大事な一部であるとされていた，ということである。

高校2年春──スペイン語，ロシア語，中国語を開始

　高校1年の終わりの春休みの3週間も終わり，私はラジオ講座の入門スペイン語とロシア語，中国語を週に2回ずつ聞き始める，新たなチャレンジを自分に課した。

　高校入学当初から私はドイツ語とフランス語へのチャレンジを始めていたが，まわりの人からは，「高校生は英語だけやればいいんだ」などとよく言われていた。しかし，私には外国語を知ることのほうが魅力的で，他人の言うことに耳を傾ける気すら起こらなかった。

時間帯は英会話の時よりも早く，朝の5時半から30分間だったが，その頃にはもうすっかり朝型の習慣がついていたので，つらくはなかった。前もってテキストの文法や単語を調べておくようにしたが，実は英語のように簡単に読むことができない。

　どの国の言葉も初めてだが，じっくり見ると（中国語を除き）英語に似た単語がたくさんある。ラジオに耳をくっつけて，単語の1つ1つをじっくり追っていく。スペイン語の発音は日本人の耳になじみやすく，簡単に繰り返すことができるが，その他の言葉の発音はむずかしかった。

　しかし，私は英語を習い始めた頃を思い出し，言葉や発音をそのまま素直に吸収し，暗記を繰り返してゆけば自然に耳が慣れてくることを信じ，恐れずに続けていった。すると，今まで小鳥のさえずりのようにしか聞こえなかったフランス語でも，やがて言葉となって耳に飛び込んでくるようになった。英語を勉強し始めた時もそうだったように，私は，他の外国語も理解できるようになってきたことが，嬉しかった。

　今の私は，ドイツ語とフランス語をよく使うが，その頃に聞いたネイティブスピーカーの発音は，今でも耳に残っている。時々，フランス人やドイツ人が，「発音がとてもきれいだけど，どこで習ったの？」と言ってくれることがある。思えば，私の英語以外の外国語の先生は，みんなラジオのネイティブスピーカーで，当時その他の人の発音を私は聞いたことも，また聞くチャンスもなかった。

　中学・高校時代に，ネイティブスピーカーの発音を聞い

た経験は，今になってとても良かったと思う。外国語は，文法や単語を知っていても発音が悪いと，なかなか通じない。実際，文章に書けば理解できるごく簡単な会話でも，発音の違いで，聞き取れなかったりすることがよくある。語学の勉強をまだ始めたばかりの子供の頃に本物の発音を聞くと，必ずその音は頭の中に残っていく。もし，あなたがまだ中・高生なら，ネイティブスピーカーの発音を聞くこと，そして，その発音で覚えることをお勧めする。社会人なら本物の発音は必須になってくる。

進路に迷う

やがて，私も高校3年生になり将来の進路を決めなくてはならない年齢に達した。しかし，結果からお話しすると，18歳の私は一生を決定する方向を見つけ出すことができなかった。将来何になりたいのか具体的な職業を意識せずに，私は，自分の得意科目の英語と数学を生かせる東京外国語大学の英米科と北海道大学の理類という，両極端の大学を選んで受験してしまった。結果は，第一志望の東京外国語大学は二次試験の幾何を失敗し，滑り止めに受けていた北大の理類に入学した。

英語と数学には自信のあった私にとって，さすがにこの結果はショックだった。その上，北大に入学後，物理学科の優秀な友人たちに囲まれて，物理ではとうていトップに立つことができそうもないことも認識させられた。私は生来，負けず嫌いで，また，自分の持っているすべての能力を最大限に生かしたいという希望も強く「はたして物理を勉強

することが自分の人生にとってよいことなのだろうか？」と，入学早々頭を抱えてしまったのである。大学入試前に考えるべきことを私は入学してしまってから考え，初めて人生の岐路に立たされたことを意識した。まだ18歳の私にとって，生まれて初めて真剣に迷った大事件だった。

医学部へ転部

そんな折，私は当時の北大の医学部には学部編入学試験制度があることを知った。同時に，敬愛する川上先生が「これからの医療はアメリカが最も進むだろう。アメリカの医者は分業制になっており，それぞれの分野で常に広く深く勉強していかないと取り残される厳しい世界だ。しかし，社会的地位や収入も安定しており，人類に貢献することのできる素晴らしい仕事の1つだ」と言われたことを思い出した。私はそれまで，医者になることは考えてもいなかったが，「医者という仕事は人々のためになり，しかも，やりがいのある仕事ではないだろうか？ それにアメリカで医者として働けば，英語も使うことができる」と，私なりの解釈をし，進路を固めていった。

アメリカで医者として働くことを決意した私は，早速，教養学部の事務局長と談判を始めた。

学部編入試験は，私にとって大きなチャレンジだった。編入試験科目は，物理，数学，化学，生物，英語，ドイツ語の6科目で，全国から学生が挑戦し，14倍の競争率だ。試験の難易度も，大学受験には及びもつかないくらいむずかしい。編入試験を半年後にひかえ，私はかつてこれほど

勉強したことがないくらい、死に物狂いで勉強した。結果は、今私が医者をしていることでわかるように、翌年3月、医学部に無事編入を許された。

医学部に入ってもアメリカで仕事をすることを忘れたわけではなかったので、丸善の洋書部からアジア版の英文の医学書を買い求めたり、医学部図書館からは英文医学雑誌を借りて読みあさるなどの毎日だった。英語は、よりブラッシュアップする必要があったし、必須のドイツ語、ラテン語などは語学好きなことも手伝ってかなり勉強した。英語と同じアルファベット系の外国語はほとんどラテン語を基礎に派生しており、それゆえ、それぞれの外国語が似ていることをはっきりと知ったのもこの頃だ。

ところで、私の大学生活は単に、勉強に明け暮れていたばかりではなく、英語研究会でアメリカの有名弁護士ルイス・ナイザー（Luis Nizer）の著書 "My Life in Court" から抜粋した英語劇のシナリオ制作と演出をし、好評を博したりもした。この劇は医者の誤診裁判の話で、当時の日本では珍しい内容だったように思う。私は大学時代にできるだけアメリカについての知識をつけたかったので、医学に関係のない法律や経済、歴史書なども手当たりしだいに読みあさり、旺盛な知識欲を満たすことで、自分なりの有意義な学生生活を送ったと思う。

語学はどこにいても、誰にでもできる

若かった頃の私と外国語のかかわりを思い出すと、基本的な勉強の繰り返しと同時に、そのつど何か新しいものに

チャレンジしていったようだ。私は語学をマスターする時も，何をする時も，自分の可能性を信じて前向きに生きてきた。小さな失敗もいくつかしたが，自分なりの人生を切り開いてきた。外国語をたくさん話せるようになりたいと決意して，天才でもない私が，五十数ヵ国語もできるようになったのは，忠実に努力してきた結果に他ならない。

語学はただ外国に住んだからできるわけではない。やる気さえあればどこにいても誰にでもできることなのだ。ただし，努力なくして成果はあがらない。

私はアメリカに来てからも外国語の勉強を続けてきた。むしろ，アメリカに来てマスターした外国語のほうが多い。なぜなら，英語がある程度理解できてから始める外国語の勉強のほうが，簡単で理解しやすいからだ。アメリカに住み始めた頃の私は，すでに社会人で，本業も忙しく時間も十分に取ることができなかったが，英語を軸に始めた外国語の勉強は，かなり早くマスターすることができた。

今，日本の多くの社会人が英語１つできなくて焦っているようだが，基本的な英語を理解していれば，英語と平行して他の外国語も，簡単に理解できるようになる。努力すれば，必ず外国語の１つや２つはマスターできることを，私の体験を通して，あなたに約束しよう。

2 アメリカ生活と言葉

数ヵ国語を交互に使っても混同しない

渡米して47年,すでにニューヨークが,私の第二の故郷になった。私は,この長い歳月の間いろいろなことを経験したおかげで,立体的にアメリカを理解してきたように思う。医者の立場から,いろいろな人種や階層の患者さんを診て,社会体系を縦割りにして見てきた。言葉ひとつをとっても,人々がそれぞれの生活の背景に即した英語や外国語を使い,また,長い年月の中でいろいろな流行語が生まれ消えていった。

今では,私の日常語は,日本語から英語にすっかり変化している。しかも,私はいま,国連本部のすぐ近くに開業しているので,アメリカ人に限らず様々な国の患者がクリニックを訪れる。患者さんに合わせた言語で説明し,看護師さんには英語またはスペイン語というように,何ヵ国語かを交互に話すことも非常に多い。

そんな時,さまざまな人から,「いろいろな外国語をい

ちどに使う先生の頭の中は,どのようになっているのですか」とか,「とっさの時に,何語で考えるのですか」と疑問を持たれることがある。多くの人は,私の頭の中が外国語でグシャグシャになっているように思うらしい。

ところが,人間の大脳はよくできていて,テレビのチャンネルを切り替える時のように頭の中が切り替わって,日本語で話をする時は日本語しか出てこないし,英語で話す時は常に英語しか出てこない。人間の頭は,どの人とどの言葉でコミュニケートするかを即座に選び使用することができるのである。

もう少し具体的に説明すると,野球の試合をする時は,いつも野球のルールにそってする。いくらテニスのルールを知っているからといって,野球の試合をテニスのルールですることはない。まさか,野球をしている時にテニスのルールと混同することはないだろう。このように,言語能力も英語のセクションとフランス語のセクションというように頭の中がきちんと分かれており,フランス語を話している時に日本語で受け答えすることなど,けっしてない。「比較的,似ているスペイン語とイタリア語は混じることがあるのでは?」と思う人も多いだろう。しかし,それぞれの言葉の文法,読み方などが違うので,この場合も混乱の可能性はほとんどない。それにアジアの言葉とヨーロッパの言葉のように,発音や文字など,極端な違いがあればあるほど,混乱の可能性は皆無になってくる。

昔ヨーロッパの精神医学者で大脳の中に概念中心の存在を提唱した人がいたが,その後2ヵ国語を話せる人が大脳

の一部を脳外科の手術で取ったら，1ヵ国語はほぼ完全に話せるが，他の言語はかなり忘れてしまったという例が報告され，脳の別の部分を使っているということがわかっているようだ。

YES, NO の態度をはっきりさせないと通じない

　私は，基本的に英語で考え，英語で生活しているため，英語系のアルファベットを使う外国語は話しやすくなってきている。多くの西洋言語や英語の形態は，話し始めからすでに YES の意見か NO の意見かがわかり，答えも YES か NO かのいずれかを求められる。

　しかし，日本語の場合，最後まで話を聞かないと YES か NO かがわからないし，あいまいな言い回しが多いように思う。アメリカに永く住んでいると，この日本的なあいまいな言い回しに鈍感になって「いったい，この人は何を言いたいのだろう？」と，相手の話の主旨が時々，わからなくなってしまう。

　英語や西洋の言葉にはあいまいな表現はほとんどない。それは西洋社会自体が，あいまいな答えを必要としていないからだろう。それぞれ異なる文化を持った多種民族で構成されている西洋人たちの考え方はさまざまで，1つのことを討論してゆけば膨大な時間を消費することになる。彼らにとって YES と NO の答えは明確で，あいまいな表現では誤解を起こし，かえって共通の接点をなかなか見つけることができなくなってくる。

　英語の中から数少ないあいまいな表現をあげるなら，

"so, so"がある。この意味は「まあ，まあ。中くらい」というニュアンスを持っている。しかし，誰でも感情の表現には，好きでも嫌いでもないというものはなく，多少は好きに近いか嫌いに近いかがあるのではないだろうか，というのがアメリカ人の感覚である。アメリカ人の前で"so, so"を連発している日本人をよく見かけるが，おそらくアメリカ人には，日本人のあいまいな気持ちはなかなか理解できにくいだろう。

チャンスを見つけてどんどん使う

　言葉というものは，使わずにしまいこんでいたら，どんどん忘れてゆく。最近では日本に生まれ育った私でさえ，完全に日本語を忘れることはなくても，日頃，使っていないむずかしい漢字や言葉の言い回しなどを使う正式な文書の場合は，必ず辞書で確認しなければならなくなってきた。言葉も刃物と同じように使わなければ錆びてくるらしく，私は，その他の外国語も使える機会があれば意識的にどんどん使うようにしている。

　ニューヨークで開業すると，米国内はもとより外国の学会で研究発表したり，旅行する機会が増えてくる。退屈な機内で，さまざまな国の人々と隣り合わせになることや，学会で素晴らしいスペシャリストに出会った時など，外国語ができてつくづくよかったと感じることがある。

　ローマの眼科学会で発表した時も，ヨーロッパで活躍する多くの著名な医者に出会うことができ，親睦を深めることができた。ヨーロッパの医学のスペシャリストとなると

2. アメリカ生活と言葉

たいていの人は，3ヵ国語くらいは話すことができる。もちろん，英語でも十分事足りるが，相手の母国語を会話にはさむと，お互いの親近感はグッと増し，コミュニケーションが円滑になってくる。私は外国に行けば，必ずその国の言葉を使い，観光だけの旅行に，土地の人とコミュニケーションの喜びをわかつための「聞くこと」，「話すこと」の楽しみを必ずつけ加えるようにしている。

ヨーロッパは地続きで狭いので，ヨーロッパ人は何ヵ国語も話せるというのはうそである。空港，ホテルでは数ヵ国語を話せる人がかなりいるが，一歩田舎町に入ると，外国語は1つも話せない人たちがかなりいる。医者でも，世界中を飛びまわっている有名な学者たちはかなり外国語を話すが，英語が主な共通語になっている国際学会で秘書に代弁してもらって発表する医者もいる。

外国に行かなくても、ニューヨークの高級フレンチレストランなどでも、フランス語で注文すれば、たちまちウェイターと仲良くなれる。フレンチレストランの従業員は、たいていフランス語を話し、お客のフランス語のできしだいで、客の値踏みをする。見わたしてみて、目立つ席でウェイターや支配人と流暢なフランス語でやりとりしている人を見つけたら、常連の上流階級の人と見てよい。つまり、ヨーロッパの文化や歴史に弱いアメリカ人にとって、フランス語を話せることは、スノビッシュな上流階級のムードを匂わせることになるらしい。

　私が、ニューヨークに居ながら外国語に触れるもう1つの楽しみは、オペラ鑑賞だ。私のワイフがオペラを習っていたので、オペラのガラの日（初日の招待日）には必ず2人で行くようにしている。ここでも、あらゆる外国語が耳に入ってくる。ニューヨークの紳士・淑女がタキシードやローブデコルテで着飾って、ウナギのような長いリムジンから、次から次へと降りてくるようすはなかなか壮観だ。

　たいていの人はオペラはイタリア語歌劇だろうと思っているようだが、イタリア語、ドイツ語、フランス語と出し物によって使われる言葉が違う。私の好きなビゼーの「カルメン」はフランス語だし、プッチーニの「ラ・ボエーム」はイタリア語で上演される。目を閉じて聞いていると、それぞれの言葉がオペラのメロディとうまく調和し、言葉の持つ美しさに感動することができる。「オペラは、どうも内容がよくわからないから」と敬遠しがちな人も、前もってあらすじを読んでおくと、音楽と舞台だけでも楽

しむことができるので，手始めに行ってみてはいかがだろうか。

最近では，オペラを英語で上演することもあるが，元来，オペラに適した外国語は，イタリア語に始まり，フランス語，ドイツ語そして英語と続く。残念なことに英語は，子音の s, sh の発音が，オペラの曲といっしょになると美しく響かないといわれている。

アメリカ英語の多面性

ニューヨークはよく「人種のるつぼ」や「サラダボール（いろいろな人種がいる）」などに例えられているが，実際，周囲を見わたしても，この人がアメリカ人と一言でいえるような人はまず見当たらない。この国は移民の国の名にふさわしく世界中の民族が集まっている。例えば，白人を民族的に分けてみても，アングロサクソンやゲルマン，スラブ，ラテン系などさまざまで，その上，彼らを国別にしてゆけば，途方もない数字になっていく。白人だけをとってもこの数だから，黄色人種，黒人なども分けていくと，数を数えるだけでも頭が痛くなってくる。

大資本家や政治家など上層階級は，イギリス系白人が占めており，次いでフランス系白人がその地位を占めている。日本人にとって白人の民族の違いは一目見ただけではわからないが，彼らの英語の発音を少し聞けば，イギリス系かフランス系かの区別がつく。

イギリス系の人の英語はスノビッシュな英国的発音で，言葉の語尾までしっかり発音するのが特徴だ。彼らの中に

は，俗に"ROYAL BLUE BLOOD"と呼ばれるイギリス系のピューリタンを先祖に持ち，今では世界の財閥に名を連ねる一族がいる。「今は財閥かもしれないが，もともとはイギリスで食べることができなかった人達じゃないか？」と思える人も多いが，彼らは決して新興成金ではなく，アメリカがまだイギリスの植民地だった時代に本国から派遣された貴族の末裔が多いといわれている。また米国独立宣言に名を連ねた人たちは，かなり金持ちだったようである。

　一方，母音を伸ばすゆっくりとした英語は南部なまりで，黒人の発音といわれている。最近のニューヨークや都会の黒人にはあまり見られないが，地方へ行くと，まだまだ根強く残っている発音である。

　英語の発音の違いと同じように，アメリカには見えない差別も残っている。エイブラハム・リンカーン（Abraham Lincoln：第16代大統領）が奴隷解放宣言をしておよそ100年の歳月を数え，ジョン・F・ケネディ（John F. Kennedy：第35代大統領）になるまで，アメリカ社会の人種差別は公然と行われていた。長い奴隷時代の名残りは，教育や金銭的な問題に今でも影を落とし，黒人社会の経済状態は依然として白人社会の平均所得を下まわる。

　ところで，ひと昔前のアメリカ人ほど外国語に興味を持たない人はいないといわれていた。そしてそのために，アメリカの外交手腕はヨーロッパに劣るといわれ続けてきたのである。経済的にも軍事的にも大国だったアメリカは，英語も全世界を制覇したかのように考えていたふしがあ

る。全世界の人々が英語をまるで共通語としているかのように言っていたのだ。

例えば、上院議員でもあり言語学者としても有名なS・I・ハヤカワ（S. I. Hayakawa：カナダ生まれの日系人。後にアメリカで国籍取得）は、増える移民状況に対しての措置としてバイリンガル教育を推奨する声が高かった中、「バイリンガル教育などは必要ではない。政府はある数パーセントの人のために、無駄金を使う必要があるのか。アメリカの言語は英語だけ」と、真っ向からこの法案を否定したのである。当時の大国アメリカの驕りを感じさせる発言であった。

ジョークは会話のエッセンス

アメリカ英語の話をする上で、忘れてならないのがジョークの存在だ。アメリカ社会においてジョークは会話のエッセンスとも言われるほど重要で、アメリカ国民はウイットにあふれたセンスのよい会話に注目している。

特に政治家などは、演説や会話のたびに翌日の新聞に論評されることもあり、ジョークを織り込んだ演説の構想には余念がないという。現にアメリカには、「どうしたら印象的な話し方ができるか」といった話し方教室や学校がいたるところにある。アメリカ人たちは前向きでしかもユーモアを解する人間的な印象の人を好ましく思い、弱さや老いなどを嫌う傾向がある。

歴代大統領の中で、最も演説がうまかったのは、ジョン・F・ケネディといわれているが、演説の中にジョーク

を織り込んでも誰も笑わなかった大統領にジミー・カーター (Jimmy Carter：第39代大統領) がいた。もっとも，彼のジョークもたった一つだけ大いに受けたものがある。彼が来日した時，アメリカでは決して受けないいつものジョークを飛ばしたが，不思議なことに日本人たちは大爆笑した。彼は「これは通訳の人がよほど巧く訳してくれたのに違いない」と思い，労をねぎらうために訪ねていった。しかし，その通訳者は「私は大統領が何をおっしゃったのかわからなかったので，皆さんに，ただ，『笑って下さい』とお願いしたのです」と恐縮して答えたという。それから当分，彼はこのエピソードを新しいジョークにしてアメリカで大いに受けていたという。

　私はアメリカに住むようになってから，英語に関して，それが単に話す手段であるというだけでなく，英語の持つ歴史から生活文化に至る広がりを感じるようになってきた。英語の言葉一つについても，知れば知るほど社会構造や民族の成り立ちが見え，いろいろなことを理解するのに役立った。そして，英語と外国語の背景がはっきりと把握できるようになり，私の外国語の力はますます伸びたような気がする。

3 なぜ外国語が必要なのか?

自分の動機をはっきりさせる

　まず,外国語を勉強する前にいちばん大切なことは,あなたの動機を明確にすることである。あなたの意欲をくじくわけではないが,外国語を話せるようになることは,けっして短期間にできることではない。長期間にわたる勉強の繰り返しがあり,その間に誰でも一度は嫌になったりくじけそうになったりする。しかし,そこで投げ出してしまったら今まで覚えたものがすべて無駄になる。誰でも経験するスランプに落ち込んだ時,あなたを助けてくれるものが,「なぜ外国語を勉強したいのか?」というあなたの動機にほかならない。人間というものは,自分が必要とする気持ちが強ければ強いほど,本当に努力することができ,頑張れるものだと思う。それに,外国語の学習は受験勉強ではないので,自分のペースで自分の性格を推し量りながら,自己をコントロールする訓練にもなる。

外国語が話せることのメリット

 たぶん,いろいろな人が,いろいろな理由で外国語に取り組もうとしているだろう。ここで,あなたの動機を確実なものにしていくために「外国語が話せるようになったら,どのような世界が開けるのか」という現実的なメリットを挙げてみよう。

1. 外国語ができることにより,あなたの人生は,広く,豊かになり,自分の手であなたの望むものをつかむことができる。
2. あなたの目的に向けて,物事を円滑に運ぶことができる(特に,仕事,留学,旅行など)。
3. あなたは,世界中の何もかもを楽しむことができる。

 具体的に説明すると,外国語ができれば,あなたは,必然的にその国の新聞や雑誌を読み,テレビ番組などを理解することができる。あなたは,自分の目や耳でじかに異文化を把握することができ,さらに,その国の人々とさまざまな会話を楽しむことができる。その事実は,あなたの想像をはるかに超えたものを,あなたの手でつかみ取ることができることを意味する。

 例えば,ビジネスマンは,ビジネスの拡張を図るため風土,宗教,生活習慣の異なった世界中の人々を相手に仕事を展開しなければならない。通訳を介するビジネスマンも

中にはいるが，敏腕のビジネスマンになると，自らその国の言語を操り，マンツーマンで折衝していく。通訳を介さず，直接，相手と話すことができれば，相手の性格を見抜くことができ，彼らの考えを推し量りながら自分のテンポに相手を乗せていくことができる。自分の言葉を使う商談は，話がスムーズに進み，お互いの印象が強くなることを，ビジネスマンたちはよく心得ている。

外国語の勉強は，単に語学を学ぶことだけに終わらない。むしろ，大きく捉えると，外国人の心の中に入り込むようなものともいえる。あなたのまだ知らない国の人々の文化や社会状況を学び，彼らの考え方を理解することは，言い換えるなら，人間同士のレベルでお互いの国のさまざまなことを認めあうことでもある。あなたにとって，ある国の習慣や言葉の発音や表現ですら，奇妙なことに思えることがあるだろう。しかし，この異文化を認めること，心をグローバルに広げることが，外国語を習得する過程で，大きな飛躍につながることになる。あなたを取り巻く新しい世界から，あなたはさまざまな人々の考え方や生き方を学び，あなたの人生は豊かになってゆくに違いない。

イメージトレーニングは有効

外国語の勉強にも，イメージトレーニングを大いに活用しよう。例えば，去年，パリへ行った時，あなたは，フランス語を話すことも読むこともできなかったと仮定しよう。その時，一通りのショッピングや観光をして，あなたはフランス語を勉強する決心をした。

さて，今年のあなたは，フランス語を勉強しており，多少の言葉を知っている。あなたはドゴール空港に降り立ち，タクシーに乗り込む。あなたがフランス語を話せること（たとえ片言であろうとも）を知るやいなや，おしゃべり好きなドライバーは，パリのうわさ話を始め，日本のことをあなたに尋ね始めるだろう。あなたはドライバーとの会話から，知っている単語やフレーズをできるだけキャッチしようとするに違いない。そして，その会話の中からあなたは，初めて本当のパリの空気を吸い，パリに来たことを実感できるはずだ。

　街に出かけると，看板やポスターがあなたにいろいろな情報を吹き込んでくれるだろう。またおしゃれなビストロ（酒場）ではギャルソン（若い男性の給仕）が，今年流行りのメニューをこっそり教えてくれるかもしれない。おそらく，その時のあなたは，「話せること」「読めること」に満足と快感を覚え，去年とは違うフランス，新しい次元の扉を開けたことに気づくだろう。

　あなたは，全身でパリのフィーリングを受け止めることができるに違いない。もはや，あなたは言葉を道標にパリの文化に浸り始めている。そして，あなた自身，以前のあなたではないことを容易に実感することができるだろう。あなたの動機がどんなことであれ，外国語が話せると素晴らしい世界が待ち受けている。

　さあ，動機を明確に強く持つことができたなら，恐れずにあなたの話したい外国語の扉をノックしよう。あなたが好きな外国語に一歩足を踏み入れたなら，未知の外国も，

やがて，あなたのものになっていく。

外国語を知ると日本語がよくわかるようになる

さらに，外国語が理解できるようになってきたら，あなたは今まで気づかなかった日本語の文法的な問題や日本の言葉が持つ意味の深さ，美しさに感動するだろう。

また，あなたが外国語を勉強すると同時に，外国人が日本語を勉強することのむずかしさや苦労を深く理解できるに違いない。あなたが，小さなジェスチャーを交えて一生懸命，話しかけると，その国の人々は耳を傾け，何かしら応えてくれる。そんな時，あなたは外国語が通じたことの喜びを感じる。そして反対に，片言の日本語で話しかけられても理解してあげよう，という優しい気持ちになれるだろう。

もし，勉強の途中で本当に疲れてきたら，友人たちとおもいっきり日本語を話せばよい。日本語は，優しく，あなたの疲れを癒してくれる。

　人の話す言葉を聞いていると，その人の性格や人格はおろか人生までも映し出されていることがある。極端なことをいえば，人の使う言葉からその人の地位，収入までも臆測でき，言語能力の高さは収入に比例するのでは？　と思うことがある。

話し上手への道に同じ

　世の中には，話し上手といわれる人がたくさんいる。この話し上手というのは，たとえむずかしいことでも，誰にも論理的にわかりやすく話せる人を指すが，このような人の会話は常に自分の言いたい論旨がよくまとまっており，使う言葉はわかりやすく，しかも，的確な言葉の選び方をする。外国語を勉強する上で，特に，早く外国語をマスターしようとする場合の大切なポイントの1つは，この自分の言いたいことの論旨をうまくまとめること，わかりやすく話せることである。それが上達を早める大きな要素になる。

　例えば，話す前に，どのような相手に自分が何を言いたいのか，相手に何を理解してもらいたいのかをよく考えると，おのずからどのような言葉を選び，どのように話せばよいのかがわかってくる。反対に聞く側になった場合，相手が何をしたいのか，何を言いたいのかを理解しようとする時に，適切でわかりやすく説明されると理解が早くなる

し，誤解が生じることもないだろう。

　例えば，有能なセールスマンなどは，それができる類いの人である。彼らは，常に，どのような言葉を使ったらお客に印象づけることができ，しかも最大限のアピールを生み出すことができるかを考える。まず，手始めに，自社の商品を分析し，次にその特性を整理し，的を射た印象深い言葉を使って論理的で効果的なセールスマニュアルを組み立てていく。そして，お客から絶対的な信用を勝ち得るために，熱意をもって話し始めるだろう。彼らセールスマンにとってお客との信頼関係を築くことができたら，商品が売れたも同然になるという。外国語の勉強をする上で，相手に理解をしてもらえるように話す気持ちを持つことは，強い動機に続く上達へのステップになる。

　例えば，医者の立場からも同じことがいえる。私たちは，いつも病状を患者さんにわかりやすく説明し，治療していく。私が病状を説明する時は，患者の立場になり，専門用語よりも簡単な言葉で患者さんが理解しやすく，納得できるまで，根気よく説明を繰り返すようにしている。特に手術をする場合，患者と医者の信頼関係と患者側の病状の深い理解度が，良好な経過をもたらすのである。

　このように，言葉というものは人とのコミュニケーションが第1目標であることを忘れてはならない。いくらむずかしい単語や言い回しを知っていても，相手に理解されないのでは意味がない。

　ゴルバチョフが，まだソビエトの大統領だった頃，ニューヨークで演説をしたことがある。彼の言葉は，簡潔明瞭

で強い表現で，しかも，どの言葉にも深い意味が込められており，ニューヨークに住む多種多様な人種にもよく理解できる演説だった。

翌日の新聞の見出しは，"Master of words"と，彼をほめたたえたものだ。アメリカ人の間に「ゴルバチョフはなかなかナイスガイじゃないか」という好感を呼ぶ，素晴らしい演説であった。アメリカ人たちが，かつての敵対国のリーダーの演説から現在を認識する新しい一面を見出した一瞬だった。まさに，言葉が後の和平をもたらしたといっても過言ではない。

力強い，生き生きした言葉と，簡潔で熱意のある会話は人種を越えて，人々の心に訴えることができる。まず，相手に理解してもらいたいという姿勢が第一で，それによって言葉を選んでいくことが大切だ。日本語も外国語も同じで，できるだけ簡潔明瞭な会話をするように心がける。特に，外国語の場合，YES と NO がはっきりしているので，まどろっこしい言葉の組み立てや婉曲な表現は，相手を会話から遠ざけることになる。

4

挫折しない秘訣

自分を信じること

多くの社会人が語学の勉強を思い立ち，そして挫折していったケースを私は何度も聞いたことがある。そして，彼らの言い訳は，たいてい決まっている。
「仕事が忙しくて勉強する時間がなかった」や「歳をとったから，暗記ができなくなってしまった」「語学勉強は，やっぱり頭の柔らかい，若いうちにするべきだった」とか，挙げ句の果てには「頭が悪いから」という自虐的な人もいる。そして，最も残念なことにはこのような言い訳を一度言ってしまった人達は，もう二度と語学をマスターしようという気にすらならないことだ。

語学学習は，一般的に言われる才能や年齢，性別，勉強する場所に左右されるようなものではなく，やる気のある人なら誰にでも，どこにいてもできる。

私の学生時代の話の中でも，私が高校時代に外国語の勉強を始めた時「英語も完全にできていないのに他の外国語

なんかを勉強して」と，まわりの人によく言われた話は，前に紹介したとおりだ。しかし，私は他人の言う無責任な言葉を無視したおかげで，今では多くの外国語を難なく話せるようになっている。当時，私以外にいったい誰が今の私を予測できただろうか？　私が自分のやる気を信じ，勉強を持続した実行力が，現在の自分を形成したと思っている。無責任な一般論に惑わされたり，自分に都合のよい言い訳を自ら作り上げ，語学能力を自らの手でつぶさないようにしてほしい。

外国の小話でおもしろいものがある。

　ある村に，歳とった父親と息子と馬1頭が仲良く暮らしていた。近所の村人が，その父親に「あなたは，働き者の息子と良い馬がいて本当に幸せ者ですね」と，言った。しかし，ある日，その馬が逃げてしまい村人は，「何てかわいそうなんだ。あんな良い馬を失うなんて！」と，口々に言った。しかし，歳とった父親は，「まあ，ようすを見てみるがいいさ」と答えた。2～3日して，その馬は10頭の野生の馬を引き連れて戻ってきた。村人たちは「何てあなたはラッキーなんでしょう」とうらやましがったが，歳とった父親は，またしても同じことを言った。「まあ，ようすを見てみるがいいさ」。すると，ある日，息子が野生馬の調教をしていて，落馬し，足の骨を折った。村人たちは，「何てかわいそうなんだろう。あんなに働き者なのに，当分歩くことすらできやしない」。しかし，

4. 挫折しない秘訣

　歳とった父親の言うことは，またしても同じだった。
　ある日，王様の命令を受けた役人がこの村に来た。明日からこの国は戦争をするので，村の元気な若者は残らず兵隊に駆り出されるのだ。しかし，足の骨を折った息子は，兵隊に行かずにすんだという。

　この話は，他人の言う俗説や無責任な考えより，自分の考えに自信を持って生きていくことのほうがうまくいくというたとえだ。あなたも語学の勉強を始める前に，俗説や他人の余計な意見に惑わされず，あなた自身が語学を勉強してマスターしようと決意したその決意だけを信じて，続けてほしい。言い換えれば，あなたの強い決意，つまり語学を勉強する前の，なぜ外国語を勉強したいのか，なぜマスターしたいのかというあなたの動機を明確にすることが，すべてを成功に導く鍵になる。なぜなら，動機が明確で強いほど長続きし，長続きすれば当然あなたのゴールは近くなるからだ。
　何度も言うように，語学の勉強は，積み重ねが大切で，けっして短期間でマスターできるものではない。繰り返しの長い連続の中で，誰もが自分が嫌になったり，物覚えが悪いと思って落胆し，スランプに陥ったりする時期があるだろう。しかし，そこで諦めてしまったら，今までの勉強や暗記したことが無駄になるどころか，あなたの貴重な時間の損失になる。時間を取り戻すことはできない。
「仕事のために必要だから」「海外赴任が決まったから」「旅行でうまく話せるようになりたいから」とか「留学し

たいから」など，人それぞれに具体的な動機があると思う。単に，「英語を勉強し直そう」では，余りにも漠然としていて，いずれはギブアップしてしまうだろう。社会人となってすでに社会で働いている人は，常に，語学を必要とするような責任に向き合っている。だからこそ，すでに社会で責任を果たしている大人に語学の勉強ほど簡単なものはないと思う。

天才たちの3つのやり方に学ぶ

私たちのまわりには，無責任な一般論を無視して，ことを成し遂げた人がたくさんいる。それが，俗に世の中の天才と呼ばれる人や成功者のやり方である。私は彼らの姿勢をまねることをお勧めする。たかが語学の学習といえど，1つのことを成し遂げることはとてもむずかしい。天才のやり方には，3つの共通点があり，それぞれ理にかなっている。

①自分の最も優れた能力を最大限に発揮する。
②計画を練り，要領よく遂行する。
③自分の決めたことに力を強く集中する。

①について，例えば，理数系の能力の1つといえる「ある問題を深く掘り下げる能力」は，若い時代に育成しなければならないが，大人の私たちは，まず「興味を持てること」が，自分の見えない能力の一部であると位置づけることができる。この本を読んでいる人はおそらく外国語に興味を持ち，マスターしたい人に違いない。あなたは自分が多大な時間を語学の勉強に費やしても無駄だとは思ってい

ない。この気持ちが最後までやり遂げられる第一歩につながる。そして，あなたの意志は，能力の1つにつながることを忘れてはいけない。

次の②は，計画と目標の立て方だ。天才は常に自分の考えが明確で簡潔だ。したがって，彼らは自分というものを熟知した上で，自分の性格に即した具体的な目標と計画を立てている。しかし，この作業は，天才のみならず，我々でも日頃やっている簡単な作業なのだ。例えば旅行のプランを立てる時，どこに，いつ，どうやって行くか，予算，ホテル等々，旅行会社やガイドブックなどありとあらゆることを調べるだろう。目的を知覚し，数値化し，視覚化し，あらゆる角度から分析することによって，その旅行は揺るぎないものになり，容易に旅行地に立つ自分の姿を想像することができるようになる。

長期目標と短期目標を定める

このように，語学の学習計画も，長期的な最終到達目標と，1ヵ月程度で到達可能な短期目標とを計画設定する。最終到達目標は，このくらい外国語を話せるようになりたいという，自分自身がゴールに立つ姿である。1ヵ月程で達成できる目標としては，自分の能力を測り，実力より少し上の可能性のある目標を定める。そして，短期目標は，必ず，最初の目標まで到達できるようにしなければならない。そのためにあなたは，必ず最初のステップを踏み越えることが大切だ。

仮に，あなたが1ヵ月間，頑張って語学の勉強に取り組

んだとしたら，あなたの語学力は，始める前よりも確実についている。当たり前のことだが，やればやっただけの結果がある。しかし，無理やりすることもない。けっして，勉強が嫌いにならないようにすることも大切だ。

自分をほめまくる！

達成の暁にいちばん大切なことは，自分自身をほめるようにすること。自分自身に褒美を出してもいいし，奥さんや友人にほめてもらうようにすると，次の目標に挑む意欲が出てくる。

この「ほめる」ということは「うぬぼれる」ことではなく，自分を激励することにほかならない。「自分は，ここまで，できたじゃないか。何て頭が良いんだ，この調子でいけば，外国語なんてすぐに話せるようになるさ」と，楽観的に物事を見られるようにすることだ。

日本の社員教育で「飴とムチ」という言葉がよく使われる。社員の勤労意欲を増すようにするため上司は部下に「ほめることもし，叱り飛ばすこともする」という意味だが，私の考えは「飴とムチ」ならぬ「飴とキャンディ」で，人が何かをやろうとし，またやり遂げた時には，とにかくほめてほめてほめ上げるようにする。社会人であろうと子供であろうと「ほめること」で人は伸びるのであり，「叱ること」で人の能力を伸ばすことはできない。誰もほめられて嫌になった人はいないし，また私の知るかぎり，ほめられ過ぎて頭がおかしくなった人もいないから心配しないで，ほめちぎること。「あなたはここまでやれたのだ

から，次もきっとできる。きっとあなたは語学の天才なのかもしれないわ」と奥さんや恋人，友達に，とにかくほめてもらおう。

メンタルシミュレーションで結果を出す

さて，最後の③の集中力が究極的にいって天才と凡人の分かれ目になるともいえる。ノーベル賞を2度も受賞したキュリー夫人の数々のエピソードの中に，彼女の天才的な集中力が語られている。

キュリー夫人が学生時代の話である。悪友がいたずら心を起こし，一心不乱に本を読んでいた彼女のまわりに椅子を山積みにして，それを一度に崩して脅かそうとした。突然，ものすごい音がして椅子の山が崩れたが，彼女は平然と本を読んでいる。反対に驚いた友達が彼女の肩を揺さぶ

った。そこで，初めて何が起きたのかがわかった彼女は「本に夢中で，音さえ耳に入らなかった」と答えたという。

この天才の集中力はとうていまねできないとしても，自分はかくありたいと思うイメージへの執着心の強さで集中力は増す。

もっと具体的な話をすると，ある学校で，生徒がバスケットのゴールにどれだけボールを入れることができるかという統計をとった。最初，Aクラス，Bクラス共に（各30人編成）1割しかボールを入れることができなかった。そこで，Aクラスは毎週1時間ボールを入れる練習をし，Bクラスは生徒にボールを持たせずに，ただボールがゴールに入るようすを想像させた。約1ヵ月後，AクラスもBクラスも2割のボールを入れることができたという。

Aクラスの生徒はボールを入れることを体得し，Bクラスの生徒は，ただボールを入れる姿を想像したのに過ぎない。Bクラスの効果はメンタルシミュレーションの結果で，人は気持ちの持ちようで，何かしらのパワーが出るという。「私には絶対できるのだ」という気持ちと練習があれば，私たち凡人にも天才的な結果が生まれる可能性があるということなのである。しかし，単に語学の達人になりたいだけ願っていても，こればかりは絵に描いた餅なので努力は忘れないように。

みなさんは，"Power of Positive Thinking" という本を聞いたことがないだろうか。ノーマン・ビンセント・ピール（Norman Vincent Pearle）牧師によって書かれ，全米ベストセラーになった本だ。

彼は若い頃，この原稿を持って30あまりの出版社を回ったが，誰も彼の原稿など相手にしてくれなかった。「あきらめろ！　誰もこんな本を読みはしない」と編集者たちは口々に言った。彼は失意のどん底に落ち込み，家に帰り着くと自分の原稿をくずかごに捨てた。しかし，彼の妻は，夫が捨てた原稿を拾い集め，夫がまだ行っていない出版社に持って行った。歳とった女性の編集者は原稿を読み，ピールをすぐ来させるよう妻に言った。編集者はピールに「あなたは本がどのくらい売れてゆくのが想像できますか？　目を閉じて，神経を集中させて想像してごらんなさい」と尋ねた。ピールは「私には10万冊くらいの本が売れてゆくのが見えます」と答えた。「OK。私はあなたの本を作りましょう」。やがて，彼の本は出版され，瞬く間にベストセラーになってしまった。

　この編集者は，著者に自分の作品に対する自信や信念の強さを問うたのだ。自分が信じたことをやり遂げた時，人は強い自信を持つことができる。また反対に，「こうありたい」と思う自分の新たなイメージをトレーニングすることは大切なことなのだ。

楽しむためのワザ

　1ヵ月も語学の勉強を続けてゆけば，あなたの生活の中にも何となく外国語が入ってくるようになるだろう。語学の勉強の最大のコツは長続きさせることなので，「遊ぶように楽しんで勉強する」こと。語学を嫌いにならないように，楽しく勉強できるように工夫することが大切である。

例えば，教材も自分の好きな映画のビデオを買ってきて，何度も見るようにして１つのフレーズでも覚えるようにする。ラブストーリーの好きな人，ドキュメンタリーの好きな人，歴史ものなど，たいていのジャンルのビデオは店にそろっている。

　音楽の好きな人なら，お気に入りの歌手の歌う歌詞を覚えればよい。歌にはメロディがあり，歌詞のフレーズは簡潔で分かりやすく，歌を口ずさむことは，どこにいてもできることだし，なによりもうれしいことはメロディのあるものは忘れにくい。

　あなたが，毎日の仕事を苦痛に感じていたら，けっして良い成果は上がらないはずだ。仕事のうまくいっている人は，仕事に何かしらの野心や目標を持ち，業績が上がるように仕事の内容を工夫したり自分の精神状態をうまくコントロールしたりしているだろう。人は，つらいことやつまらないことを続けてゆきたいとは思わない。楽しいこと，おもしろいと感じること，好きだと思えることだからこそ，続けることができる。

　１人で勉強するのがつまらない人には「グループ学習」をお勧めする。同じ目標を持つ仲間を作ることで，お互い励ましあうこともできるし，また，良いライバル意識を燃やすこともできる。多くの人の考え方に触れ，意見の交換もできる。また，仲間と外国語でジョークを言い合ったりして，和気あいあいと楽しみながら勉強すると，記憶力が増すこともつけ加えなければならない。社会人が勉強する場合，お互いの立場を尊重し，ゴルフのコンペのように賞

品などを出し合って，早く目標に到達した人にはごほうび
をあげるシステムを作れば，学習意欲の活性化にもつなが
るかもしれない。

「なぜ？」と考えてはいけない

また，語学の上達の秘訣は，「疑わず，そのまま受け入
れる」ことである。社会人の場合，自分なりの意見や批判
などがあるのは当然だが，最初の学習段階では，小学1年
生が初めて勉強をするように，すべてを吸収するつもり
で，暗記する。「なぜ？」よりも「覚える」ことが肝心だ。

どこの国の言葉も，長い歴史を経て現在の形になってい
る。例えば，英語を例にとっても，「この文法はなぜこう
なるのか？」と疑問に思い始めたら，あなたは英語の成り
立ちまでさかのぼって勉強しなければならなくなる。

もし，あなたが言語学者になりたいのなら，言葉の一言
一句に気を使い分析してゆけばよいが，まず，話せるよう
になり読めるようになりたいのなら，言語の歴史をひもと
く時間より，人類の先祖が築いてきた言語のすべてを信
じ，疑いや迷いなく覚えることに集中したほうが，より簡
単で，確実にあなたのものになる。

5 集中力アップ法と記憶術

朝型のすすめ

常に時間に追われる社会人は、どのように語学学習の時間を作り出せばよいか。できるなら効率の良いやり方を、と考えたくなるのも無理はない。それに、語学上達の早道は、できるだけ多く外国語に接する時間を作り出すことでもある。

人にはそれぞれ、生活のリズムがあり、大きく分けると、朝型と夜型に分かれるのは言うまでもない。そして、朝型のほうが、脳の能率が良い、というのもよく聞かれることだろう。

人間の脳細胞には脳波がアルファ化する時間(脳が物事を最も吸収しやすい時間)とベータ化する時間(反対に最も脳の働きが鈍くなる時間)とがある。この脳波がアルファ化する時間帯は、平均的に午前中であり、夜になると半減してゆく。もっとも、これは統計的な見方で、誰にでも当てはまるとは限らないが、朝起きて、約1時間後から午

前中にかけては体調も頭の調子もすこぶる良い。成功しているビジネスマンの多くのライフスケジュールを見ると，断然，朝型の人が多いのもうなずける。

　私の場合も，体調も良く集中力のある午前中に手術のスケジュールを組んでしまう。社会人にとって，夜は残業やいろいろな誘惑が多く，また日中の疲れなどがでて，1時間ですら自分の時間を作り出すことがむずかしくなる。しかし，早朝だと体もまだ疲れておらず，時間も作りやすいように思う。

　最近では，社会人のために英会話学校も早朝クラスを準備しており，なかなか盛況のようだ。昔から言われているように，早寝早起きは健康のためにもよく，余裕のある1日のスタートは仕事をするにも集中力が増し，充実した毎日を送ることができる。

10分あれば単語3つ

　しかし，どうしても早起きがむずかしい人は朝の通勤時間を利用するのも一手だろう。よほど運の良い人でない限り，通勤に最低30分から1時間は取られてしまう。その貴重な時間を利用して，教材のＣＤなどを聴いてヒアリングにあてるのも良いだろう。ぎゅうぎゅう詰めの満員電車の中ではとても無理だと思う人は，一本電車を早めて乗るなどして，自分から進んで時間を作り出すようにしよう。

　また，まとまった時間がどうしても作れない人は，会社の昼休みの15分間や帰宅後の時間を少しずつ利用するようにして，週末の余暇にまとめて集中して勉強するのはどう

だろう。

　30分でさえ時間の作れない忙しいあなたは，1日を振り返り，無駄な時間はないか探さなくてはならない。勉強している本を常に携えていれば，人待ちしているほんの10分や15分の時間であろうと，短い文章なら読んでしまえるし，3つくらいの単語なら暗記することができる。要は，どのような時間であろうと，あなたの生活の中に語学の勉強を織り込み，習慣にしてしまえば問題はない。

空腹時に勉強する

　もう1つ，頭の働きを良くする秘訣は，勉強する前に，大飲大食をしないことだ。これも昔から腹八分目とよく言われていることだが，いつもお腹一杯に食べていると胃に血液が集中してしまい頭の働きが鈍くなる。

　あのタコを用いて雷が電気であることを証明した18世紀の米国の科学者であり政治家でもあったベンジャミン・フランクリンも，同じことを経験している。フランクリンがまだ兄弟の経営する印刷所で働いていた頃，兄弟たちはいつも腹一杯になるまで食事をしていたが，彼だけは，いつも水とパンだけで空腹感の残る状態で切り上げていたという。腹八分目のほうが物事についてよく考えることができるし，覚えも良くなることをフランクリンは自伝の中で指摘しているのだ。

　確かに，生理学的にみても，軽い空腹状態のほうが頭はさえ，集中力も増すのである。

　集中力があれば暗記も簡単にできるという理想的な関係

が成り立つように思えるが、残念ながら、生理学上、人間は35～40歳くらいから記憶力の減退が表れてくる。しかし反対に、大人になってからの「記憶する」行為には目的意識と熱意が必要になってくるため、いったん覚えたらなかなか忘れにくいという利点も生まれてくる。

リラックスしているときがチャンス

これまでのオリンピックでのヨーロッパや東欧諸国の体操選手の活躍には、目を見張るものがあった。幼い選手たちがどのような訓練をしているのか不思議に思った人も多いだろうが、彼らの訓練の中に「リラクセーション・テクニック」と呼ばれている注目すべき方法がある。これは文字通りリラックスをしながら物事に集中する方法で、催眠療法などにも似ている。

神経学から言えば「NLPメソッド」(NLP = Neuro Linguistic Programming) と呼ばれるものだ。心臓の鼓動に近い音楽（心拍数は1分間に60～70回）、例えばバッハのバロック音楽などを聴きながら、リラックスして物事に集中すると、脳神経の生理作用で物事を選択しながら頭にインプットしやすくなる。しかも、リラックスしながら集中すると、楽しみながら記憶することができ、子供でさえも無理なく、そして飽きることなく続けることができる。

では、お酒を飲みながらリラックスするのはどうかというと、答えは YES でもあり NO でもある。なぜなら、お酒を飲みながらの学習では、新しいものを吸収することができない。しかし、外国人のいるパーティなどで、今まで

暗記したフレーズを実際に使ったりするには、軽いアルコールの作用は期待できる。特に内気な人に1杯のお酒は、勇気をつけてくれ、ほがらかにさせてくれるだろう。

いずれにしても、深酒はもってのほか。目安としてはワイン1杯かウイスキー1オンスなら体も壊さないし醜態も見せず、およそ20分から40分の会話には適量と言える。

お酒の次に、タバコはどうだろうか。喫煙者の多い日本には、タバコの吸い過ぎで記憶力の減退を訴える人も多い。確かに、タバコのニコチンは脳細胞を破壊して記憶力を鈍らせると言われている（最近では、さまざまな意見が飛びかっているが）。しかし、喫煙者全員が記憶力が悪いのかといえば、そうではない。

医者の立場から言えば、タバコは「百害あって一利なし」と言われるとおり、健康のためには喫煙はお勧めしない。アメリカでも、10年前に比べ、約半数の人がタバコをやめているか節煙しているという結果が公表されている。アメリカでは公共の場の喫煙も禁止され、もし喫煙すれば、罰金が科される。しかし、喫煙者にとっていくら健康に悪いと知っていても、なかなか喫煙習慣はやめにくいらしい。

ただタバコにも少しは利点があって、喫煙することによって中枢神経を麻痺させ、重要な箇所や記憶しなければならないものには神経を集中させる働きがあるという。作家や文筆業者に喫煙者が多いのは、タバコのそんな作用に頼っているからかもしれない。

すべての源は体力

ところで，生理学面からいろいろな効率の良いことをお話ししてきたが，記憶力や集中力，持続力などのすべてのパワーの源は体力にあるといえる。だから，毎日，汗が軽く出るくらいの運動は努めてするようにしたい。この程度の運動は，心臓や肺などの臓器機能の働きが良くなり，精神的プレッシャーにも強くなる。一日の生活の中に，軽い運動を取り入れると，気分転換になり，生活にリズムがついてくる。知的活動の疲れは，単に身体を休めるよりもむしろ，軽い運動をしたほうが疲れが取れやすく，リラックスして眠ることもできる。仕事で嫌なことがあった時こそ，一駅手前で電車を降り，ブラブラ散歩でもしながら帰るようにする。酒場で愚痴をこぼすより，よほど気分転換になり，かつ健康的でポジティブな生活態度と言える。

毎日の運動が無理な人でも，せめて週1回は運動したいものだ。私も必ず土曜日はテニスをするようにしている。初めはワイフの始めたテニスの練習に駆り出されたのが，いつの間にか私のほうが熱心にプレイをするようになってしまった。

健康管理や精神管理のうるさいアメリカでは，肉体的にも頭脳的にも総合的な人間的魅力にあふれた人が多い。まして，社会生活者の成功の最後の鍵は，健康な肉体にかかっている。日本にも文武両道という言葉があるように，事をなし得るすべての根源は，毎日の自己管理にほかならない。

6

社会人のための やり直し勉強法

最初は気楽なクイズ感覚で

　仕事が忙しく，学生生活からも長年離れた世代が，外国語を勉強しようと意気込んでも，やり遂げることができるだろうかと，先々が不安になることがあるだろう。先に述べた動機，つまり意志の強さがものをいう語学の勉強だが，最初は気楽なクイズ感覚で楽しみながら，長続きする方法をとったほうが良いだろう。欲ばって1日3時間は勉強しようと計画を立てても，社会人の場合，生活の状況が変わりやすいため，このような計画は計画倒れに終わりやすく，そればかりか簡単に語学の勉強を諦めてしまう結果になる。よく言われることだが，結局，できれば毎日1時間くらい，少なくとも30分を語学の勉強にあてるようにすれば，難なく続けることができる。要は語学学習は，英語にしろ他の何にしろ，外国語といかに長くかかわることができるかにかかっている。

　また，勉強というものは習慣的なもので，最初は少し苦

痛を感じるかもしれないが、自分の目的意識をいつも明確にし、熱意を長く保てるように、自分の性格や生活、習慣を推し量りながらコントロールする。

しかし、実際勉強をする習慣はとうの昔に忘れてしまい、英語はおろか他の外国語などもすっかり忘れてしまった社会人の頭から、昔の記憶を呼び戻すにはどうすれば良いか。

教材は薄いものを選べ

まず、頭のウォーミングアップから始めるほかに手はない。それは自分がどのくらい英語を忘れているか、また思い出すことができるかのバロメーターにもなる。

まず、どこの出版社でもよいから、中学生用の薄い英語ドリルを買う。あまり英語に自信のない人は、中学1年用、2年用と学年で分かれているものを購入しても良いだろう。しかし、いずれの場合も参考書ではなく、章の初めに少し文法の説明のあるドリルで、しかも、ドリルの厚さが薄ければ薄いほど良い。なぜなら、厚い本は、1冊を仕上げるのに時間がかかり、ドリルを開いただけでうんざりしてしまうからだ。

とにかく、学生ではないので、のんびりした気分でパズルを解くようにやってみる。わからない箇所があれば、飛ばして先へ進み、とにかく全ページをやり遂げる。間違いが多かろうと少なかろうと、全部できたら、ひとまず合格だ。わからなかったところは、基本的な文法書（参考書）で、間違った箇所だけをやり直し、しっかり理解するよう

に努める。薄いドリルを1冊やるだけでも，やり遂げたという満足感があるに違いない。人によれば，こんなものは1時間もあればできるような簡単なことだろう。

しかし，この中学の英語を完全に理解しているかしていないかを知ることは，これから語学を勉強してゆく上で大切なことである。自分の実力を知れば，どれだけの時間が今後の勉強に必要になるかがわかるだろうし，あなたのゴールの設定の目安にもなる。簡単な旅行会話や日常会話程度なら中学レベルの英語の文法が基本になり，あとは単語の組み替えで十分通じる。それに，語学の勉強は本当に積み重ねで，基礎の基礎がわからないと，いくら高度な勉強をしても意味がない。実際，アメリカ人でさえ，簡単な文法つまり，do と does の使い間違いを平気ですることもあるのだから，文法の基礎は侮れない。

文章を書きながら声に出す

さて，勉強に勢いがついてきたら，簡単で短い内容の本や高校のドリルや，新聞，雑誌などでも，とにかくあなたの好みで興味の対象が充実しているものを使う。文法に自信のない人は，中学生用のドリルを勉強した同じやり方で進む。

しかし，あなたの読みたい記事や文章の中でも，最初は，努めて小さなコラムから読んでみる。まず，最初にパラグラフをサラッと読み，語感を養うようにしよう。次に，逐次通訳のように文章を追って理解する。文法は1つずつ，ていねいに理解し，疑問を残さないように毎回クリ

アにしてゆく。

　用法のつまったパラグラフを簡単に読み，理解できるようになったら，その文章を暗記し，どのような単語を入れ替えても使えるようになるまで暗記する。この場合，書きながら声に出すという，２段構えの方法で覚えていくと暗記しやすくなる。これを少しずつ，まず１ヵ月間は続けるよう努力してみる。これを続けてゆくと，かなりの文章を読みこなすことができ，会話もできるようになるだろう。

好きな映画のセリフを繰り返し聞く

　同時に，あなたの好きな映画のビデオとセリフの対訳本を買ってくる。この場合も，映画を10回，20回と繰り返して見ることが大切だ。映画は，まさに生きた会話そのもので，対訳のセリフ本で話の内容をチェックすることができる。それに映画は会話の状況が画面でわかり，聞き取れなかったら巻き戻すこともでき，ヒアリングの勉強にはうってつけだ。ただし，ビデオを活用する場合も，とにかくセリフなど使える会話のフレーズを暗記するまで見て，聞くこと。完全に暗記して，自分のものにしないと，そのフレーズを実際の状況下で使いこなすことができない。

　私の勉強していた頃は，まだビデオがなく映画館によく通ったものだ。私はオードリー・ヘップバーンのファンで，当時，ヘップバーン主演の『シャレード』を数え切れないくらい見て，とうとう，次のセリフが何だったか言えるまで，覚えてしまった。このやり方がその後の私の語学力の強化に大いに役立ったことは言うまでもない。

勉強だと思わないこと

　あなたが英語を勉強している時は，完全に英語漬けになるよう努力しよう。あなたの時間を有効に使うためにも，神経を集中させて勉強して欲しい。

　第2次大戦中，アメリカの情報機関の日本語教育は，すばらしい成果をあげたという。暗号解読やスパイ養成のため，教えるほうも学ぶほうも真剣だったに違いない。とにかく，日本で勉強したこともないアメリカ人たちが総力をあげ，短期間で日本語を勉強しマスターしていったことは事実だ。余談になるが，アメリカ人で元コロンビア大学教授，日本文学研究の権威ドナルド・キーン博士も当時は日本語暗号の解読をしていた一人という。

　大人が語学を勉強しようとする時，いろいろな障害がある。社会に対していろいろな意見を持ち，すでに人格が形成されている大人も，語学習得においては，物事に対して批判的になるより何でもかんでも疑わず飲み込んでしまえる人のほうが，覚えも早く，会話も上達する。

　現在は，昔とは違い，語学に関してさまざまなメソッドを持つ学校があり，ＣＤ，ビデオやインターネットを使った教材が街にあふれている。どの教材を選ぶかは，予算の都合もあるだろうが，あなた次第だろう。

　ここで大切なのは，学生のころの英語の勉強や受験勉強とは異なり，自分で進んで始める勉強は勉強と考えないこと。楽しく，自分にとって効果的であるような発想を持つようにすることが肝心である。

遠くのゴールと近くの目標

　また,各人それぞれに自分の目的,ゴールを持ち,いろいろな語学の検定試験を受けていっても励みになるだろうし,片っ端から英語の原書を読破するようにしても良い。

　もっと小さな目標を掲げるなら,単語を毎日10個ずつ覚えるようにするだけでも,1ヵ月で300個もの単語を暗記できるようになるのだから,毎日の積み重ねは大きく実ることになる。とにかく,どのようなことがあっても,挫折しないように気長に語学とつき合うようにしてゆけば,語学は必ずあなたのものになる。

　ある言語学者が,勉強時間と語学能力の関係を発表した。これがあなたに当てはまるかどうか,1つの統計なのでわからないが,目標の目安になるかもしれない。

10時間――――→ブロークンな会話ができる。
100時間―――→買い物,旅行会話ができる。
200時間―――→簡単な読み物,新聞やテレビなどがわかってくる。
300〜500時間→自分の専門分野で論文を書いたり,討論ができる。
800時間以上→自国語と同じように話せる(ネイティブスピーカーと同じように)。

7 英語を基本に次の言語を学ぶ

英語だけでは後れをとる

日本人は戦後の学校教育で,ほとんどの人が英語のアルファベットを読むことはもちろん,簡単な英文が理解できるようになってきている。ビジネスでの海外旅行,留学経験者も増えてきて,現実的な英語の需要は多い。まして今の日本は英会話ブームなので,一度は英会話学校の門をくぐった人や英会話の教材を買った経験のある人も多いだろう。しかし,フランス語やイタリア語,ドイツ語などの会話学校となると,愕然とするほど少なくなる。この現象は,英語は世界の共通語という通念によるとともに,英語が日本人にとってなじみ深い外国語である表れでもあろう。反面,この傾向を見ると日本人は英語以外の語学に対して,多少臆病になっているようにも思える。

近年のビジネス世界を見ると,英語だけでは,世界の情勢に後れを取る兆しが見え始めている。

かつて,アメリカ人は世界で最も外国語に鈍感といわれ

7. 英語を基本に次の言語を学ぶ

ていた。アメリカが経済的にも軍事的にも大国として圧倒的地位を誇っていた時代，アメリカ人が英語を過大評価し，外国語を学ぶ姿勢すら見せなかった結果と言われている。事実，アメリカ人で外国語を話せる人は全人口のうちわずか10%だった。

ところが21世紀に入り，アメリカの不況，日本をはじめとするアジア諸国，とくに中国のめざましい経済進出，ヨーロッパ諸国の情勢不安など揺れ動く世界の変化を見るにつけ，ようやくアメリカ人たちも，英語だけでは世界を牛耳ることのできない現実がやってきたことを理解したようだ。

現在のアメリカ人ビジネスマンたちには，外国語の重要性を理解し外国語習得に励む人が，増えてきている。それも従来，人気のあったフランス語やイタリア語に代わり，中国語，日本語，アラビア語，ロシア語などがとくに人気を呼んでいる。アメリカの有能と呼ばれる人々は敏感に情勢を読み取り，外国語が必要とあらば幾つになっても努力することを惜しまず，やがて何ヵ国語も話せるようになる。

英語が母国語の場合，同じアルファベット系の外国語はものになりやすい。なぜなら，英語のルーツをさかのぼるとフランス語やドイツ語と交わる。ちょうど，日本語が中国語を漢語として取り入れた言語であるように，どの国の言語の発達も近隣の国の文化や歴史の影響なしで語ることはできない。

よく聞く話だが，イタリア人のタクシードライバー達

は，2ヵ国語から3ヵ国語を話すことができる。言葉のプロではない彼らがなぜそれほど外国語ができるようになるのか？　それは，それぞれの言語が似ているからであり，事実，英語系アルファベット（ラテン文字＝ローマ字）で書かれる言語にはみなつながりがある。ローマ字を使わないロシア語やアラビア語ですら，わずかながらの関連性を持っている。

2言語以上を同時にマスターできる

　私の勉強法は，この英語のルーツを生かした方法をとっている。日本人にとってアルファベット系言語の中でいちばん親しみがあるのが英語だ（この事実は，私たち日本人にとってラッキーと言えることだ）。英語を勉強しながら同時に，他の国の言葉を勉強すると，英語という言語の成り立ちや，歴史的背景を見ることができ，立体的な語学の学習ができる。

　実際，私がやってみて，この方法は学校で教わった授業よりもおもしろく，記憶に残りやすいように思う。私が高校生の時にフランス語やドイツ語を勉強し始めてわかったことは，他の外国語には英語に似た言葉が多く，文法も基本的な並び方を覚えてしまえば，後は単語の並べ替えだけなのでまったく苦にならないことだった。

　私がこう言っても「英語すら満足にできないのに他の外国語も勉強するなんて馬鹿げている。二兎を追う者は一兎をも得ずになる」と，多くの真面目な日本の人たちほど思うだろう。しかし，この発言は，私にとって，消極的な俗

論にしか過ぎない。私が前に言ったことを思い出してもらいたい。私の外国語学習法は，一兎も二兎も同時に得る方法なので，私のやり方で学習する人は，まず，こんな考え方は捨ててほしい。実際，私ができたのだから，人間やる気になれば，二兎も三兎も，努力次第で何十兎も得ることができる。忘れずに，もう一度。英語と他の外国語は同時に勉強してマスターすることは可能なのだ。

具体的に納得してもらうために，ここでヨーロッパの言語の成り立ちを簡単に説明しようと思う。

ヨーロッパの言語の成り立ち

一般的に言語の発生を考えると，私たちの先祖の原始人が集団生活を営むようになった頃までさかのぼる。集団生活に不可欠な人間同士のコミュニケーション，つまり意思の伝達の必要性が，物を表す単語を生み，話し言葉が生まれてきた。そして，その後，文字が生まれたことにより，個人の思考の確立とさまざまな思考論理の表現を表記するという行動が発生してきた。

古代文明，中国，インド，メソポタミア，エジプトで独自の文明，言語が発達したが，古代の文字は中国語を除いて暗号解読に似て，現代語とのつながりはかなり薄くなっている。旧約聖書はもともとヘブライ語で書かれ，ローマ時代にラテン語に翻訳された。

古代ギリシャ文明，アレクサンダー大王の時代には古代ギリシャの哲学者，歴史家，劇作家が文献を残しており，それらの文献はギリシャ文明衰退後は，ローマ時代に多く

ラテン語に翻訳されて、ヨーロッパ文明の基礎となって残っている。

ヨーロッパの歴史を振り返り、文化や言語をつき詰めると、ヨーロッパ各国の言語が基本的にラテン語を母体とする派生語であることがわかってくる（文法はゲルマン語に基づく）。言い換えれば、ある時期以前は、ヨーロッパ大陸の中央以外の言語は、ラテン語の方言に過ぎなかった。

ラテン語の歴史をさかのぼると、古代ローマ帝国時代にたどり着く。ローマ帝国時代の人々は、このラテン語を公用語にしていた。そもそも、このラテン語もローマ北部の小都市ラティウム（Latium）で使われていた方言が、ローマ帝国の勢力の伸張と共にヨーロッパ全土に行きわたったものだ。そしてローマ帝国衰退と共に、ヨーロッパ全土は小国に分裂してゆき、各国の方言が、各国の言語となっていった。

しかし、中世以降までは、聖書をはじめ法典、哲学、詩などの古書はすべてラテン語によって書かれている。タキトゥスの『ゲルマニア』の一節にも「北方に蛮人居り、その色白く、体の大きなチュートン人なり」とある。この北方とは、現在のドイツ、北欧を指し、蛮人とはまだ文字を持っていなかったゲルマン民族を見下して言っているのである。

また、世界で最初にできた大学、イタリアのボローニャ大学は、あのガリレオ・ガリレイが教鞭をとっていたことでも名高いが、この大学の講義はすべてラテン語で行われていた。主に僧侶やお金持ちで優秀な子弟のみ入学を許さ

れ，神学，哲学，法律，医学を教えていたという。ヨーロッパ中からよりすぐったインテリが集まるこの学舎は，当時としては超エリート集団の学校で，自国語とラテン語の2言語を理解することは必須だった。

中世に入り，ヨーロッパもフランス，ドイツ，スペインと大きく分裂してゆき，それぞれの国内が平定されると共に，言語も統一の兆しが見えてくるようになる。ソルボンヌ大学ができ上がるころには，公用語が確立するようになる。これに遅れてドイツでは，ルターの聖書翻訳などをきっかけに，標準ドイツ語が成立した。当時，最も繁栄していた国はイタリアで，次にフランス，スペイン，ドイツと続く。

フランス語やドイツ語をかじったことのある人ならわかると思うが，フランス語には発音しない文字がたくさんある。当初は，フランス語も1文字1文字しっかり発音していたのだが，時代を経て，だんだん発音しなくなってきた。それに引き替え，ドイツ語は，初めて読む人でも，ローマ字読みをすれば難なく読むことができる。これは，フランス語に比べ，ドイツ語が文字に表記されたのが中世後期で，つづり字の統一は19世紀に入ってからというように，比較的歴史が浅いためである。

英語の成り立ち

さて，大陸では，イタリアの文化が花開き，ラテン語と各国語が確立し，文化と共に言語も確立していった。このような中，英語はどのようにしてでき上がったかという

と，島国のブリテン島は，初め文化も武力も他のヨーロッパ地方より遅れていた。紀元前には，ブリテン島の先住民であったケルト族のブリトン人がケルト語を使っていたが，それは格の変化，屈折の多いややこしい言葉で，英語とは関係がない。B.C.55年からA.D.410年までローマ人がブリテン島を支配する。ローマ人が去った後，北のスコットランド人がブリトン人を襲いだした。5世紀半ばに大陸からブリトン人の援軍として渡来したゲルマン民族が，逆にブリトン人を征服することになる。今のドイツ地方からジュート人，アングル人，サクソン人も大勢移住してきて，ブリトン人は辺境に追いやられた。

9世紀頃，多数いたアングル人の名を取ってブリテン島は Angle's land = England と呼ばれるようになる。彼らの言語が古代英語として英語の基礎となる。

アングル人の島は8世紀から11世紀にかけて今度は北欧から来たノースマンともバイキングとも呼ばれるデーン人に襲われる。そして1016年にはデンマーク王カヌート（Canute）が英国王を兼ねることになった。侵入してきた北欧人が定着し，先着のアングロサクソン人と共同生活を始める。両民族の言葉はどこかしら似た響きを持っているが，語尾が違っていた。彼らはお互いの言葉の語尾を削ることで両語を混同させ，共通の言語を作りだした（古代英語：700〜1100年）。

そして1066年，アングル島は，今度はノルマンディ公ウィリアムの率いるフランス人に侵略される。11世紀から13世紀半ばまでの英国の公用語はノルマンフランス語とな

り,本来の英語は一般下層階級の通俗用語となる。

その後,反動として英国人の母国語に対する自覚が芽生え,1362年には英語が法廷言語と定められる。しかしノルマン王朝時代にフランス語が英語に与えた影響は非常に大きく,フランス語は英語の借入語の第一位を占める。15世紀以後も英仏両国間には交流があり,中央フランス語が大量に借入された。その結果,ロマンス語系の語が英語の約50%を占めることになり,本来ゲルマン語派に属していた英語が混合語の性格を帯びるようになる。中世英語では語尾変化がほぼなくなり,それに代わって前置詞や助動詞が多く用いられ,意味関係がいっそう明晰に表現されるようになった。語順も論理的に確立され,英語が分析的言語に変容していった。

16世紀以後の近代は,欧州では文芸復興と宗教革命の時代で,対外的にも英国の国勢は強くなった。ギリシャ,ラテンの古典研究熱も高まった。この時代にラテン語が多く借入された。一方,古典傾倒の風潮に抵抗して英語の純粋性を保持しようとして,1611年にジェームズ一世王の命で欽定訳聖書が集成された。この書は,シェークスピアの作品と共に長く英語の文体に大きな影響を及ぼし続けている。

1755年にサミュエル・ジョンソンが初めて英語の辞書を編纂して,それまで雑多な方言であった英語の標準化が始まった。産業革命以後,交通,マスコミの発達にともなって,英国の英語は米語に対してはもちろん,世界語として世界中に大きな影響を与える言語となった。

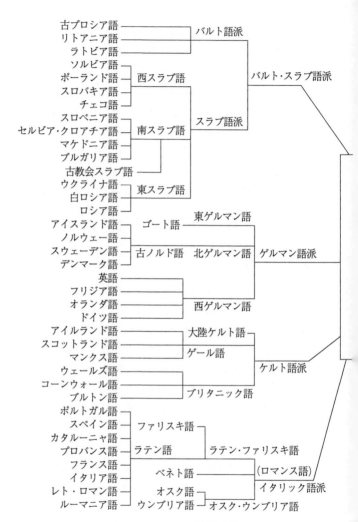

7-1 インド・ヨーロッパ語族系統図

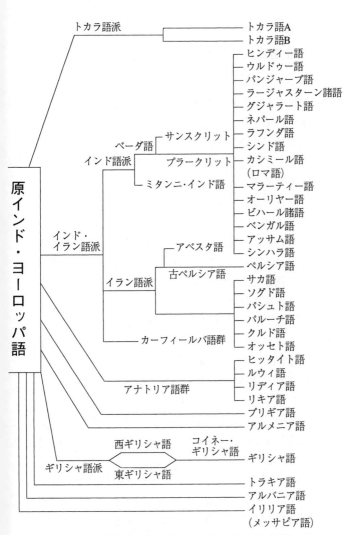

(小学館『日本大百科全書 第2巻』に基づく)

英語から他言語同士のつながりを探る

　現在の英語を分析すると、ラテン語やドイツ語、フランス語の語源を有する単語が数多く残っている。日常的な単語にはドイツ系が多く、洗練された文化や感情、抽象的な表現の言葉にはフランス系の単語が多い。したがって英語の単語を覚えることは、同時にドイツ語やフランス語の単語を覚えやすくすることになる。

　また、ヨーロッパは大陸で、共通の歴史や文化を背景に成り立っているので、言語も発生が地理的に近いものほど、その形態はよく似ている。北欧のスウェーデン語とノルウェー語はかなりよく似ているし、ポルトガル語とスペイン語は文法や発音もほとんど同じである。

　ヨーロッパや西部アジア、インドで使われている言語を英語で"INDO-EUROPEAN"（インド・ヨーロッパ語族）と呼ぶ。これには、大別してラテン系の言語の"ROMANCE"（ロマンス語）、ゲルマン系の言語"GERMANIC"（ゲルマン語）、スラブ系の言語"SLAVIC"（スラブ語）、インド系の言語"INDIC"（インド語）、そしてケルト系の言語（スコットランド、アイルランド、ウェールズ地方）"CELTIC"（ケルト語）などがあり、その他ギリシャ語などもある。

　図7-1を見ると、それぞれのグループの言語は、隣の国、もしくは近い国で構成されているのがよくわかる。英語は"GERMANIC"と"ROMANCE"の影響を受けているので、どちらのグループを選んでも共通点を見いだすこ

7. 英語を基本に次の言語を学ぶ

フランス語	フランス語の意味	英語	英語の意味
fort	強い	fortify	強化する
mur	壁	mural	壁の
porter	運ぶ	portable, porter	携帯用の，赤帽
travailler	働く	travel	旅行
chambre	部屋	chamber	部屋
souvenir	思い出す	souvenir shop	土産物屋
ami	友達	amicable	友好的な
guerre	戦争	guerrilla	ゲリラ戦
penser	考える，思う	pensive	思案にくれた
quitter	やめる，捨てる	quit	やめる
donner	与える	donation	寄付
arrêter	止める	arrest	逮捕する
rouge	赤	face rouge	口紅
demander	尋ねる	demand	要求する
matin	朝	matinee	マチネー
année	年	annual	毎年の
femme	女性	feminine	女らしい
lune	月	lunar	月の
laver	洗う	lavatory	洗面所
fumer	喫煙する	fumes	煙
arbre	木	arbor	木陰の休憩所
pont	橋	pontoon	船橋
envoyer	送る	envoy	使節，外交官
mort	死	mortal, mortician	死すべき，葬儀屋
blanc	白	blank, blanch	白紙の，白くする
soleil	太陽	solar	太陽の

7-2 英語に関係の深いフランス語の例

とができる。では,ここで英語がどのくらいフランス語やドイツ語の影響を受けているのか比べてみよう。

まず表7-2で,英語がいかにフランス語の影響を受けているかがわかるだろう。単語のつづりもほとんど変わらないので,英語の単語を覚えていたら,その意味はだいたいフランス語にも結びつくものが多い。

次の表7-3のドイツ語と英語を見比べると,英語の単語の最後が"t"で終わるところがドイツ語の場合"sse"で終わっている組がある。例えばドイツ語の"Strasse"は,英語になると"street"になり,"vergessen"は"forget"になる。これは,英語とドイツ語の言語上の規則で,この規則を覚えていると,ドイツ語の単語も覚えやすくなる。

ではロマンス語仲間のスペイン語と英語の比較表(表7-4)を見てみよう。スペイン語は,今まで話したフランス語やドイツ語よりもいちばん強くラテン語の影響を受けている。すでに言語の歴史で話したように,ヨーロッパの言語はラテン語を軸に発展してきたので,英語とスペイン語の関係はラテン語を通して,深く結びついている。スペイン語の発音は日本人には簡単にでき,単語もローマ字のように読めば良いので,2つ目の外国語としてはお勧めだ。

表7-4をよく見ると,英語の,"s"ではじまり次に子音がつづく単語は,スペイン語では頭に母音の"e"がつく。これは英語とスペイン語の決まりなので,慣れてしまえばよい。

例:estudiar　escuela　(スペイン語)
　　study　　 school　 (英語)

7. 英語を基本に次の言語を学ぶ

ドイツ語	ドイツ語の意味	英語	英語の意味
Hund	犬	hound	猟犬
trinken	飲む	drink	飲む
Luft	空気	aloft	上方へ，空中へ
ranchen	喫煙する	reek	悪臭
Fleisch	肉	flesh	肉体
graben	掘る	grave	墓
schreien	泣く，大声を出す	shriek	悲鳴，叫び声
Licht	明かり	light	明かり
Morgen	朝	morning	朝
shlafen	寝る	sleep	寝る
Stuhl	いす	stool	腰掛け，スツール
Ding	もの	thing	もの
Blume	花	bloom	花，花盛り
Strasse	道	street	道
halten	止める	halt	停止，中止する
vergessen	忘れる	forget	忘れる
lernen	習う	learn	習う
essen	食べる	eat	食べる

7-3 英語に関係の深いドイツ語の例

　スペイン語と英語の比較表を見て，スペイン語がロマンス語仲間のフランス語にとてもよく似ていることに，あなたは気づいただろうか？　次の表7-5のフランス語とスペイン語，英語の比較表を見てみよう。

　それぞれの単語の意味やスペルを追ってみると，それほど変わらない。だから，あなたが英語の単語を知っていれ

スペイン語	スペイン語の意味	英語	英語の意味
estudiar	勉強する	study	勉強する
sol	太陽	solar	太陽の
fumar	喫煙する	fumes	ガス, 煙
pobre	貧乏	poverty	貧乏
tiempo	時間	tempo	速さ, 拍子
vender	売る	vending machine	自動販売機
recordar	思い出す	record	記録する
pensar	考える, 思う	pensive	思案にくれた
calor	熱い	calorie	熱量
tarde	遅れる	tardy	のろい
amigo	友達	amicable	友好的な
beber	飲む	beverage, imbibe	飲み物, 飲む
padre	父親	paternal	父親の
libro	本	library	図書館
azul	青	azure	空色の
rojo	赤	rouge	口紅, 紅をつける
nuevo	新しい	new, novelty	新しい, 目新しさ
avión	飛行機	avionics	航空電子学
mirar	〜を見る	admire, mirror	感じいる, 鏡
cuanto	どれだけの〜?	quantity	量
levantar	上る	levitate	空中に浮き上がる
escuela	学校	school	学校
seguro	確信して	secure	安全な
agua	水	aquatic	水の, 水中の
palabra	言葉	palaver	無駄話
arbol	木	arbor	木陰の休憩所
ventana	窓	ventilate	換気する
enfermo	病気	infirmary	病院, 診療所

7-4 英語に関係の深いスペイン語の例

7. 英語を基本に次の言語を学ぶ

（フランス語—スペイン語—英語）

arbre（木）—arbol（木）—arbor（木陰の休憩所）

penser（考える，思う）—pensar（考える，思う）—pensive（思案にくれた）

fumer（喫煙する）—fumar（喫煙する）—fumes（ガス，煙）

ami（友達）—amigo（友達）—aimcable（友好的な）

soleil（太陽）—sol（太陽）—solar（太陽の）

neuf（新しい）—nuevo（新しい）—new, novelty（新しい，目新しさ）

rouge（赤）—rojo（赤）—face rouge, rouge（口紅，紅をつける）

7-5 フランス語，スペイン語，英語の近しい関係

ばいるほど，フランス語やスペイン語の単語の意味を想像することが容易になる。英語の語彙がまだ少ない人でも，あなたの想像力次第で，解決してゆくことができる。

表に挙げた関係に注目することから，さらにもっと想像力を働かせてみよう。例えば，スペイン語に"bolta"という単語がある。頭の中でこの単語をイメージしてみる。あなたは発音や文字の雰囲気から英語の"ballet"（バレエ）か"polka"（ポルカ）を思い浮かべるかもしれない。これは，英語の"ticket"（券，切符）の意味になるが，あなたの想像したようにバレエを観るのもポルカを踊りに行くのも，この"ticket"なしでは行けない。この想像に関連づけると，あなたは難なくこの単語を覚えることができるだろう。

もう１つ別の例を挙げると，スペイン語の"ladrón"がある。英語で"ladr"のつく語を思い浮かべると，"ladder"

(はしご）がある。残念ながらスペイン語の"ladrón"は（盗む）という意味で英語の"thieve"に当たる。しかし，そこであなたは頭をひらめかせて，この2つの語を「泥棒ははしごを使う」というように結びつけて覚えるようにすれば良い。

「こんなの語学の勉強じゃないわ」と早まらないで欲しい。あなたが本当にいろいろな外国語をマスターしたいのなら，このようにあなたの全知能を振り絞って暗記することが，近道になる。あなただけの単語へのひらめきとイメージを持つことで，それが他の人からとてもおかしなことに思えても，あなたにとっては単語を覚えたことになる。

フラー式 英語・ロシア語連想法

最後に，"SLAVIC"（スラブ語）についてお話ししよう。この言語は，ソビエトと東欧諸国の言葉で，同じヨーロッパ大陸に位置しながらも，"ROMANCE"（ロマンス語）や"GERMANIC"（ゲルマン語）と同じように考えることはむずかしい。なぜなら，この言語は英語の成り立ちとは大きくへだたりがあったからだ。文化や宗教，民族的に見ても他の国々とは著しく違う。

もし，あなたがすでにロシア語を習得しているなら，ポーランド語やチェコ語は簡単にマスターできるはずだ。"SLAVIC"の中の言葉ならポーランド語もブルガリア語も容易にマスターできるはずだ。しかし，英語とロシア語の共通点となるとむずかしくなる。

ここに，"How to Learn a Foreign Language"の著者フ

7. 英語を基本に次の言語を学ぶ

```
① derebo  ：木
      ↓   （木からアルコールを搾り出す？）
   derive  ：得る，引き出す

② tratit  ：遣う，過ごす
      ↓   （友達を扱う？）
   treat   ：扱う

③ yazyk   ：言語
      ↓   （音楽のようにあいまいな感じ？）
   music   ：音楽

④ nebo    ：空
      ↓   （彼の頭に雲がかかっているような？）
   nebbish ：つまらないやつ
```

7-6 ロシア語→英語（フラー式連想法）

ラー（Graham E. Fuller）氏のやり方に基づいた私なりのこじつけ方式で，表7-6に英語とロシア語を並べてみよう。

どうだろう？ たぶん，あなたにとっては，意味のないこじつけでしかないだろうが，私にとっては，英語とロシア語を結びつける私なりのイメージの方向性を見いだすことができる。とにかく，それぞれの単語から何をイメージするかが大切で，そのやり方は，人それぞれ違って当たり前なのだ。自分のイメージの方法に慣れてくると，あなたのボキャブラリーは確実に増えてくる。

8

初めは口慣らしから

正しく発音するための3つのルール

　いろいろな外国語を聞いていると，まるでさまざまな音楽を聴いているような錯覚に陥る。外国語には，日本語と同じように，それぞれ決まった発音の規則があり，あなたの想像を超える多種多様な音がある。

　発音は，会話をする上で重要なポイントである。一生懸命に英語を話しているのに，発音やアクセントが違ったために相手に通じなかったという経験はないだろうか。

　誰でもその国に生まれ育たない限り，母国語のように難なく発音することはむずかしい。しかし，母国語が何であろうとも，生まれた時は，誰も話すことができなかった。私たちは，赤ん坊の頃から日本語が話せるわけではなかった。どうして，いったい，いつ頃から私たちは日本語を話せるようになったのだろう。そして，どうして日本語を苦労することなくスラスラ発音することができるのだろう。

　私たちの子供の頃を想像してみよう。また子供のいる人

は自分の子供の成長過程を振り返ってみよう。あなたの両親は赤ん坊のあなたをひざに抱き，何度も繰り返して，あなたに言葉を教えていっただろう。例えば，「これはパンよ，パン」と言うように。もう少し大きくなったあなたは，親の話し言葉を聞き，繰り返しまねることで自然に言葉も発音も覚えていったに違いない。

あなたは，見よう見まねで，言葉を繰り返しまねることで自然に話せるようになった。子供の頃から自然に繰り返してきた「言葉を正しく繰り返す」作業は，語学勉強の第一歩でもあり，最良の方法なのだ。そのためには，具体的にはどうすれば良いか？

①ネイティブスピーカーの発音を正確に聞き取り，正確にまねること。
②鏡の前に立ち，口を正しく開け，何度も何度も繰り返すこと。
③大きな声で身ぶり手ぶりを加え，発音すること。

この3つのルールを忘れずに発音の練習を進めてゆくと，あなたの発音は時とともに上達するだろう。子供が言葉を覚えるようにといっても，なかなか大人のあなたにはむずかしいかもしれない。私は，俳優がセリフを覚えるように勉強することを勧める。俳優は，少し大げさに大きな声を出して，状況を想像しながら身ぶりをつけて外国語のセリフを覚えてゆくという。

独りになって，照れないで，本気になって練習すること。

各国語の発音比較

　英語系アルファベットの言語の場合，特に発音やアクセント，イントネーションが正しくできないと，いくら文法的に正しい外国語を話していても通じない。外国語を勉強する時に，いつも念頭に置かなければならないことは，相手に言いたいことが「通じるか？」ということだ。英語の発音には，ドイツ語のような発音やフランス語のような発音がたくさんある。

　例えば，英語の "top" を発音してみよう。あなたの舌は上あごに当たる（接する）ような正しい位置にあるだろうか？　次は "letter" を発音してみよう。この時，先ほどの "top" の "t" と，"letter" の "t" とは発音が少し違うことに気づくだろう。あなたの舌を口の中で少し前後にスライドさせることで "letter" の "t" を発音することができる。この発音は古フランス語の発音で，元来の英語の発音ではない。そして，あなたの舌をもう少し，前に強くスライドさせ後ろにもってゆくとスペイン語やフランス語，アフリカの言語のいくつかをまねることができる。

　英語の "shine" を発音してみよう。あなたはこの "sh" を上手に発音することができただろうか。もし，あなたが唇を丸めて "sh" の発音をしたならロシア語の "sh" の発音をしたことになり，日本語のカタカナでシャインと発音したら，それは中国の発音に近くなる。

　次は，英語の "far" を発音してみよう。舌は口の中で丸め，アメリカ人のように上手に "r" の発音ができただろう

か？　この発音は中国語も同じ"r"の発音をする。しかし，イギリス人の発音は少し違い"fah"と発音する。"paris"の"r"も同じだがフランス人やドイツ人が発音すると"paghee"と，まるでノドをうがいするような音になる。

　このように英語の発音は，ドイツ語やフランス語に似た発音を持っていることがよくわかるだろうし，似ている点を基準にしながら相互の違いに注目すると上達も早い。

　スペイン語やイタリア語はシャープで英語とは違った発音をするが，日本人には比較的まねしやすい言語だ。実際，発音から見るとフランス語とアラビア語の発音は喉頭音がたくさんあるのでむずかしく，練習しがいのある言語である。

　南アフリカで話されている"XHOSA"（ホサ語）は言語というより，木片を投げたようなカチッ，カチッという音に聞こえ，発音を勉強するにはおもしろい言葉だと思う。

　また，中国語やタイ語，ベトナム語などはトーンや速さで単語を聞き分けることができる。英語系アルファベット言語にはない音も多い。

鏡の前で発音練習

　さあ，まず，あなたはネイティブスピーカーの発音をよく聞き，鏡の前に立って同じ発音ができるまで声を出して繰り返そう。

　練習を繰り返しているうちに，あなたは，まず，ネイティブスピーカーの発音やアクセントを理解し，次に文章の

最後が上がったか下がったかを注意して聞くだろう。このように実際の会話でも、人はイントネーションより発音やアクセントのほうを優先することが自分の経験で理解できるようになる。

あなたは、自分の発音を録音し、ネイティブスピーカーとの違いをチェックするようにしよう。そして、何度も何度も繰り返して練習を続ける。

この練習で、あなたの発音はネイティブスピーカーに近づくに違いない。しかし、けっしてネイティブを追い抜かそうと思ってはいけない。過大な期待は捨て、あなたが今しなければならないことは、まず、あなたの言葉が相手に伝わるように努力することである。

言語学者チャールズ・ベルリッツ氏（Charles Berlitz）は、単語を10回か20回発音してみることは、文字を発音せずに50回か100回見るだけよりも能率よく覚えられる、と言っている。これは繰り返し実験されて証明された事実である。

『古代への情熱』という題で自伝を書いたハインリッヒ・シュリーマン（Heinrich Schlieman）は6ヵ国語を若い時に学んだが、ある時金を払ってやとった男をすわらせておいて、学習中の言葉で話しかけるという学習方法をとったことがある。

言語能力が助けたのか彼の商売は大成功し、若くして引退、子供の時から夢見ていたトロイ遺跡を発掘したことは余りに有名である。

9 言語の規則

単語の成り立ちのパターンに注目

かつて原始人たちは,ものを区別するために言葉を作り出した。その言葉は,基本的に「火,水,木,肉」などごく単純なものから始まり,しばらくたつと「(火は)熱い」,「(水が)欲しい」,「(木が)必要だ」,「(肉を)食べる」など,動詞や形容詞をつけ加えた伝達の必要性を含む今日の言葉の基本形に発展してきたと考えられる。

新しい言葉は簡単な規則(言語の法則)にそって変化し,それぞれの言語は明確な性格を持つようになった。どの外国語の単語もある基本的なパターンから成り立っており,このパターンを覚えてしまうと,アルファベット系の単語なら,マスターするのが容易になる。

英語1——語尾に en を付けて動詞が作れる

英語は,単語の語尾の変化によって新しい単語を作り出すことができる。

形容詞の "dark" から動詞の "darken" を作ること
　　ができる。
　　　形容詞の "quick" から動詞の "quicken" を作ること
　　ができる。
　　　形容詞の "bright" から動詞の "brighten" を作るこ
　　とができる。同じく形容詞の "red" に "en" を付けて
　　動詞の "redden" を作ることもできる。
　　　名詞の "strength" から動詞の "strengthen" を作る
　　ことができる。

このように，英語の単語の終わりに "en" を付けることで，いくつかの単語を動詞に変えることができる。しかし，この規則は，すべての英単語に応用できるわけではない。

"small" に "en" を付けて "smallen" とは言わない。

"green" に "en" を付けて "greenen" などと，けっして言うことはできない。

ただ，この規則に当てはまる単語が多いのも事実で，大いに利用することができる。なぜなら1つの単語を覚えたら，あなたは自動的に関連する動詞を想像することができるからだ。

英語2 ── 合成語が作れる

もう1つの英語の特徴は，基本的な英単語の組み合わせによる合成語がたくさん存在することである。

"door-knob", "ice-breaker", "fish-burger",
"wind-breaker", "eye-wash", "dog-food",
"candle-stick" など。

このように,あなたのまわりを見渡すと,簡単に思い出すことのできる合成語がたくさんある。

また,1つの単語の簡単な規則的変化によって,多くの関連した単語に結びつけることもできる。

"life":"lively", "living", "liven",
"live", "lifeless" など。

このように,1つの単語に関連した言葉がたくさんあり,あるものは形容詞,副詞,名詞などに簡単に変化する。これらの簡単な組み立てを持つ単語の多くは,古いドイツ語の形態を継続している。しかし,その他の単語の多くはフランス語とラテン語の要素を含み,変化のパターンがそれぞれに変わってくる。

"write" には,"writing", "writer" そして "rewrite" などの仲間がある。

この "write" のルーツを探ると,ラテン語の "scrib" に結びつく。そして,この "scrib" と同じラテン語の接頭辞を英語の "scribe" につけることにより単語はどんどん広がっていく。

in-scribe(記す)→write into(〜に書く)

de-scribe(記述する)→write about(〜について書く)

sub-scribe(署名する)→write under や underwrite(〜の下に書く)

pre-scribe（処方する）→write forward（前もって書く）

pro-scribe（禁止する）→write first（〈命令的に〉最初に書く）

tran-scribe（書き写す）→write across（〜に書き写す）

con-scribe（徴兵制度）→write together with（〜と共に書く）

a-scribe（〜のせいにする）→write to（〜のために書く）や write toward（〜に向かって書く）

　今までの暗記だけに頼る単語の覚え方に加えてこの規則をしっかり覚えれば、ボキャブラリーが確実に増えることは間違いない。

　英単語についてもう少しお話しすると、英単語は長い時間（歴史）を経て、発達してきた。したがって英単語の意味には、時間的な感覚のズレがあり、英単語の意味を逐語的に解釈しても、現代ではなかなか意味の通らないことが多い。

　例えば、

　　"manufacture"（工場制手工業、生産、製品など）

　この単語は、"manu" と "facture" の合成語である。"manu" の元来の意味は "hand"（手）で、"facture" の元来の意味は "make"（作る）だ。すなわち、この言葉の意味は "hand-made"（手作り）を指す。昔、人々は手で何かを作りだしていたからこの言葉が生まれたのである。

ドイツ語,ロシア語の場合

さて,他の外国語,例えばドイツ語やロシア語にも英語と同じような規則はあるだろうか? もちろんあるにはあるが,英語とは違い,他の外国語のパターンは少しむずかしくなる。しかし,このような言葉の規則は1つのシステムで成り立っているので,1度覚えると,他の外国語でも英語と同じようにボキャブラリーを増やすことができる。

さて,ドイツ語の規則を英語の意味と比べた表9-1を見てみよう。英語もドイツ語も単語の規則にのっとって発展していることがよくわかる。

では,次に,同じようにロシア語の単語のパターン表9-2を見てみよう。どこの国の言葉でも同じように単語の規

ドイツ語	ドイツ語の接頭辞の意味	英語の意味
schreiben		write
zu-schreiben	zu = to	ascribe
ein-schreiben	ein = in	register
vor-schreiben	vor = first, before	prescribe
aus-schreiben	aus = out	advertise, write out
auf-schreiben	auf = on, onto	write down
um-schreiben	um = around, about	transcribe
be-schreiben	be = to cause	describe

9-1 **ドイツ語のパターン** ("scribe" と同じ意味の語を使って)

則があり,それぞれにのっとって言葉は変化してゆくことが理解していただけただろうか?

インド・ヨーロッパ語族の言語の多くは,基本的な接頭辞と単語を組み合わせるシステムで多くの言葉が作られてきた。我々の祖先は,本当に意味のない言葉は作らなかったし,人間が発音することのできない変わった音の言葉も作らなかった。そして,このような言語のシステムの規則がなかったら,私たちは,けっして外国語を話すことも書くこともできなかったのである。

ロシア語	ロシア語の接頭辞の意味	英語の意味
pisat		write
o-pisat	o = about	discribe
pere-pisat	pere = over	rewrite
pod-pisat	pod = under	subscribe
pri-pisat	pri = to	ascribe
nad-pisat	nad = above, over	inscribe
vy-pisat	vy = out	write out, prescribe
za-pisat	za = down	write down, register

9-2 ロシア語のパターン("scribe"と同じ意味の語を使って)

10

訳さずイメージをふくらます

言葉の意味と現実を直結させる

　外国語を学ぶ時は，できれば頭の中をカラッポにして，新しい言葉を覚えられるようにしたいものだ。

　子供の頃，あなたは本当に何も知らなかった。例えば，「木」すら何だか知らなかった。ところが，ある日，両親が，あなたを外に連れ出して「木」を指さして「これが木だよ！」と，言ったとする。あなたは両親が指さしたものを「木」だと，疑わず信じただろう。それから，あなたの両親はいくつか違った状況の中で最終的にあなたが「木」が何かということを，理解するまで繰り返したことだろう。あなたが，緑の葉のついている大きな「木」の前に立ち「これは木だね！」と言うまで。

　この時あなたは，何を学んだのか？　あなたは，言葉の中に組み込まれている「木・き・ki」という音を学び，その音は緑の葉っぱを持つものを意味することを学んだ。

　ここが重要なポイントなのだ。世界中の誰もが，あの緑

の葉をつけたものが何であるかを知っているだろう。私たちは，何百回，いや数え切れないほどそれを見たことがある。英語ではそれを"TREE"と名づけ，ドイツ語は"BAUM"と言った。アラブ諸国では"SHAJRA"と名づけ，中国では，"SHU"と呼ぶようにした。それぞれの国の人々は各々の言語の音を使って，緑の葉をつけたものを言葉で表した。

外国語を学ぶ時，何もかも訳そうとしないで，言葉の持つ意味と現実を，瞬時に直結させるようにしよう。外国語を勉強する上で，言葉を訳すことは多くの時間と精神的なエネルギーを消耗させる。もし，あなたが外国語を何もかも訳し続けていけば，たぶん，外国語を話すことや理解することがうまくできなくなってしまうだろう。

あなたは，外国語の単語の一言一句を訳すより，その文章の大きなコンセプトはいったい何なのか，何を言いたいのかを考えるようにしていかなければならない。あなたは今，翻訳家になろうと思っているのではないのだから，本当に「訳す」ことは考えないほうが良い。あなたは，ただ，心の中のイメージと新しい音を組み合わせることで，外国語を覚えていくようにする。あなたが，「木」と言えば，すぐに緑の葉のついたものを頭に描くことができるように，"BAUM"の音を聞けば，あの緑の葉のついたものをイメージできるようにしよう。

今，あなたはイメージや行動，考え方と音を繰り返し結びつけることで，かつてない新しい考え方のパターンを発展させようとしている。フランス人やナイジェリア人，韓

10. 訳さずイメージをふくらます

国人が自らの言語の音を聞いて、時間やものや行動を思い起こすように、あなたにとって意味のなかった音は、新しい現実と共にあなたの心の中のイメージとして広がっていかなければならない。

そのためには、あなたは、繰り返すことや繰り返し尋ねること、そして、繰り返し答えることのプロセスをあなた自身が苦痛を感じなくなるまで繰り返すようにする。そして、少しずつ新しい単語を増やし、少しずつ新しい状況のフレーズを作り、あなたの外国語を組み立て、現実と結びつけてゆくようにする。

やがて、あなたは、外国人が何か早口で話しているのを聞いたとき、突然、その会話のすべてを理解していることに気づく。それは、すばらしい瞬間であり、あなたは大きな満足感を得るだろう。これは、あなたの心の中に外国語の言葉やフレーズがたまり始めた徴(しるし)であり、あなたが翻訳なしで言葉を理解し始めていることにほかならない。

11

文法は時間の節約になる

子供は繰り返しの中で言葉の法則を覚えるが……

「あなたは文法の勉強が好きですか？」と尋ねられれば，誰もがあの退屈だった英語の文法の授業を思い出すだろう。それに，外国語と聞くと，まず文法を勉強しなければならないと思いこみ，億劫になる人も多いようだ。

文法ができなければ外国語は話せないと考えているのなら，それは言語というものをわかっていないことになる。極端にいえば，言語は文法から成り立っているわけではない。私たちは日本語と英語の文法はよく知っているが，ロシア語やトルコ語の文法を見てみると，大きく違い，文法の成り立ち自身が論理的でないことに気づくだろう。

私は文法については，話をした時に，いかに正しく相手に通じるかということが第一目的で，机の上だけの文法の勉強は必要ないと思っている。したがって，私たちが教わった学校の文法の時間とは大幅に違った，実際的な文法を学ぶことが大切になってくる。

11. 文法は時間の節約になる

　ここで，あなたは自分の日本語の習得について思い出してみよう。あなたは，小さな頃から何不自由なく日本語を話すことができたに違いない。ところで，あなたは誰かに日本語の文法を教えてもらったことがあっただろうか？たぶん，誰も教えなかっただろう。ただ，あなたは，両親の文法にそった正しい会話を何回も繰り返し聞くことや，間違いながら繰り返し使ったこと（たぶん，両親はあなたの間違いを訂正しただろう）で自然に正しい日本語を使えるようになった。幼児は，自分たちが話せる短いセンテンスを無意識のうちに記憶できる能力をもっている。

　幼い子供に，「今，何時？」と尋ねたとしよう。子供はそれ以来何かあるたびに，「今，何時？」と誰彼かまわず尋ねるようになり，そのセンテンスを覚えていく。しかし，子供がオウムのように繰り返してセンテンスを覚えても，文法をマスターしたことにはならない。子供から大人になっていく過程をへて，子供は文法にそった正しい言葉を覚えることができるのである。

　例えば，あるアメリカ人の親が，動詞の最後に -ed をつけて子供に過去形で話をしたとしよう。ただし，子供は不規則に変化する動詞が英語にはたくさん存在することは知らないので，新しい言葉に目を光らせ，文法のルールをまったく無視して，"had" を "haved" と言ったり，どんな動詞にも -ed をつけて話し始める。

I walked the dog.

I slammed the door.

It rained a lot yesterday.

また，今度は，1つよりは多いものに -s をつけた複数形で話を始めたら，子供は過去形のときと同じようなやり方で，話し始めるだろう。

My cat caught three mouses.

　しかし，mouse の複数形は mice で，mouses では間違いである。この時おそらく，親は子供が無意識にした間違いを訂正し，子供は多くの間違いを正されながら，ごく自然に正しい文法を覚えていくのである。

大人にとって，文法はむしろ簡単

　しかし，多大な時間がある子供なら，このような方法で文法という言語の規則もマスターすることができるが，私たち大人には，子供のように人生を送り直せるほどの時間は残されてはいない。ただ，大人には，論理的に文法を理解し，より効果的に文法を勉強する能力が備わっている。そして，私たちにとって，文法の勉強は，社会で責任をもって働くことより簡単なことだ，ということを忘れないでほしい。

　子供たちは，自然な状態の繰り返しで文法を覚えていく。「話す」「話した」「話」という言葉の使い方はそれぞれ違い，現在形，過去形，名詞という文法用語で表すことができる。私たちは子供のようにそれぞれの語を何万回も使って覚えるより，文法の用語を使った説明を理解すれば，その言葉はすぐに使えるようになる。

　また，文法を勉強することは，外国人たちの心のプロセスをどのように表現するかをまねることであるとも言え

11. 文法は時間の節約になる

る。私たちは、そこに新しい単語を組み合わせることで、それぞれに合った表現と、1段階高度な言葉のレベルへと変化していく。

ある時、あなたは、自分の教養に合った高いレベルの会話が、実は単なる単語の組み合わせによるものにすぎないということに気づくだろう。文法を人間の体に置き換えると、骨格に相当するといえる。数多くの単語は、洋服だ。洋服をたくさん持っていると、着せ替え人形のようにバラエティのある楽しみ方ができる。

また、外国語を勉強することを、よく車の運転に例えることがある。私たちが免許を取る時、ハンドルやギア、ブレーキ、アクセルがどのように動くか、そして、どうすればうまく運転できるかを知りたいと思う。誰も車のメカニズムまで知りたいと思わないだろう。免許を取る時、エン

ジンの作り方まで聞いた人はいるだろうか？　私たちは，車の専門家でない限り，エンジンはエンジンであり，タイヤはタイヤとして覚えた。車にはなぜ，エンジンがついているのかという質問は，言語になぜ動詞や名詞，形容詞があるのかという質問と同じ意味になる。車も言葉も同じように，うまくなるには練習，練習また練習というわけだ。

あなたは学生時代に英語の文法を習い，さまざまな動詞の変化を知っている。

I go to London.

I went to London.

Did you go to London?

He would have gone to London.

Were they going to London?

When will she go to London?

You have gone to London.

あなたは，このような文法をうんざりするくらい繰り返してきただろう。おかげであなたはこのような go の変化をたくさん学び，どのように使うかを知っており，基本にそって，たくさんのセンテンスを使うことができる。あなたがこの程度では幼稚と考えるセンテンスでも，次のような単語を並べただけのセンテンスとは違う。

Me go London.　Give food.

かつて退屈していた文法の基礎訓練のおかげで，あなたの会話は誰にでも通じるはずだ。あとは，単語の使い方で，あなたの教養に合った会話ができるものだということがわかるだろう。

英語と他言語の文法の違い

しかし、いろいろな外国語を勉強していく過程で、英語の文法と他の外国語の文法が少し違うことがわかってくる。実は、英語の文法は簡単で、他の外国語になると、少し込み入っている。

例えば、英語とロシア語そして、トルコ語の文法を比較してみよう（表11-1、11-2）。

これらの言語では、英語と異なり、動詞の変化で人称が変わる。考えようによっては比較的日本語に似ているとも言える。また、英語の場合に複数形には -s をつけるが、ロシア語やトルコ語は名詞の語尾が変化する。それぞれの

	英　　語	ロシア語 (ローマ字表現)
一人称単数	I know	Ya znayu
二人称単数	You (one person) know	Ty znayesh
三人称単数	He (or She or It) knows	On znayet
一人称複数	We know	My znayem
二人称複数	You (several people) know	Vy znayete
三人称複数	They know	Oni znayut

11-1　英語とロシア語の場合

	英　　語	トルコ語 （ローマ字表現）
一人称単数	I know	biliyorum
二人称単数	You（one person）know	biliyorsun
三人称単数	He（or She or It）knows	biliyor
一人称複数	We know	biliyoruz
二人称複数	You（several people）know	biliyorsunuz
三人称複数	They know	biliyorlar

11-2　英語とトルコ語の場合

　国によって，考え方が違うように，それぞれの言葉の文法も組み立てや規則が変わる。本質的に，他の外国語の文法というものは，英語に慣れた人から見て英語的な理論にのっとっては成り立っていない。

　もう少し，詳しく英語と他の外国語を比較しよう。

　英語では名詞の格による変化がなくなってしまったので，名詞の位置によって主語（主格）か目的語（目的格）か判断しなければならない。一方，ラテン語やロシア語では名詞の語尾の変化によって，どれが主語か目的語かわかるので，動詞の前にくるか後にくるかの語順はどうでもよくて同じ意味になる。英語の場合は順序が逆になれば意味が逆になってしまう。

11. 文法は時間の節約になる

英語例：

The dog（主語）bites the cat（目的語）.
犬が猫を嚙む。
The cat（主語）bites the dog（目的語）.
猫が犬を嚙む。

ロシア語例（ローマ字表現）：

Sobaka（主語）kusayet koshku（目的語）.
犬が猫を嚙む。
Koshku（目的語）kusayet Sobaka（主語）.
猫を犬が嚙む。

ロシア語の例では，女性名詞の一部で語尾に -a が付くと主格で，-u が付くと目的格になる場合がある。日本語の「て・に・を・は」と同じで，日本人には理解しやすいだろう。このような語尾の変化で名詞の格が変化する言語は，ギリシャ語，ラテン語，ドイツ語，ロシア語を始めスラブ系の言語，トルコ語等である。

英語やフランス語，スペイン語のたいていの名詞は変化をしないが，ただ代名詞がきた場合は，変化する。英語では主語になる代名詞と目的語になる代名詞は分けている。

主語になる代名詞：I, You, He, She, It, We, They
目的語になる代名詞：Me, You, Him, Her, It, Us, Them

Boy chases girl.
He chases her.

英語では，He chases she. とは言わない。

The dog's bone.

The bone of the dog.

は，同じ意味になる。The bone of the dog は，ロマンス語のフランス語やスペイン語に変化させやすい。それらの言語では所有を表す時は，必ず前置詞が伴うようになる。

例えば，トルコ語の場合，名詞の最後に前置詞の代わりになる言葉が変化してついてくる（表11-3）。

この単語の変化を見て，トルコ語のルールが理解できる。例えばあなたが，単語の変化を間違えると，すべて間違うことになる。

このようなルールは単語の意味を明確にさせるために存在する。外国語を勉強する時，名詞の変化に注意してゆくと，文法もおもしろくわかりやすくなってゆく。ただ，中国語にはこのようなややこしい文法の変化がない。

ev	= house
evin	= of the house
eve	= to the house
evi	= the house (direct object of an action)
evde	= in the house
evden	= from the house

11-3　トルコ語にみる名詞の語尾変化

12

文章の覚え方

ていねいな文章を覚えること

　あなたは，すでに簡単なダイアログは覚えて使えるかもしれない。しかし，文法を意識しながら話しており，多くの単語を月並みなセンテンスに当てはめて使っているのではないだろうか。

　そのような文章力だけでは，会話に限界があるように思える。もっと幅広い会話をしたいのならば，あなたは，もっと多くの文章をていねいに覚えてゆかねばならない。おそらく，あなたが日本語で話しているような，哲学や政治，経済についての会話をするには，もう少し時間がかかるだろう。

　あなたが外国語の会話を勉強する最初の段階にいるならば，よりていねいな文章を学ぶことが必要だ。なぜなら，多くの外国人たちはていねいな文章が好きだし，特にヨーロッパの人々は，フレンドリーなアメリカ人の英語の文章よりもていねいに話す。また，あなたが，まだたどたどし

い会話の時は，なおさらていねいな文章を使ったほうが，相手に与える印象が良くなるだろう。あなたが最もよく使うセンテンスを選び，誰かに質問をし，答えてもらって問答することを繰り返すことで，外国語で質問を組み立て，考えることなくスラスラ頭から言葉がでてくるようになるだろう。

いつ外国語の夢を見るようになるか

よく，外国語で夢を見ることができるようになれば，かなり外国語が上達しているといわれるが，あなたはいったいどのくらいたったら外国語で夢を見ることができるようになるだろうか？　1年？　2年？　3年？　人生の大半？……

あなたが，もし本当に語学の勉強を毎日繰り返し，多くの時間を費やし，私が話したような方法を繰り返して復習しているとしたなら，始めてから数週間くらいで外国語で夢を見ることができるだろう。あなたの頭の中で，外国語のアルファベットが泳ぎ回り，あなたが眠っている時でさえ，あなたの頭の中は外国語を繰り返している。この素晴らしいサイン（夢）は，外国語があなたの一部になっていることを表している。

反復トレーニング

勉強しているあなたは，やがて，いくつかのセンテンスを目の前にし，どうしたら早く覚えることができるだろうとか，どうしたらうまく話せるようになるだろうとか，思

12. 文章の覚え方

い悩むだろう。

しかし，あなたの使っている本や教科書を用いて誰かと質疑応答する——このパターンを繰り返す以外，あなたの能力を伸ばす方法はない。ひたすら繰り返すこと，外国語を聞き，質問を理解し，そして，その問題に答えることを練習し，その外国語で何を考えることができるかトレーニングする。

そのトレーニングの例を示そう。

- Where is the pencil?
- Is the pencil on the table?
- What is on the table?
- Where is the book?
- Is the pencil on the book?

- My name is John.
- Are you John?
- Is he John?
- Where is John?
- Is John an American?
- What is his name?
- Is his name John?
- Am I John?
- Is he American?
- Is the book American?
- What is John?
- Is John on the table?

あなたにとって，上記のセンテンスに新しい単語を入れ替えて，話すことは簡単だろうか？ 今あなたは，知っている単語を入れて，新しく文をつくることを楽しんでいるだろうか？ とにかく，それができるまで，しっかり練習しよう。

リスニングも，また繰り返し

もう1つ，あなたの会話を正確にするためには，正確に聞けるトレーニングをしなければならない。あなたは，レコーダーをフルに使い，あなたの使っている音声教材が何を言っているのかを自然に理解できるまで，何度も聞く。

それができたら，各センテンスを聞き，一時停止ボタンを押し，今，聞いたセンテンスを大声で繰り返す。

12. 文章の覚え方

　もしあなたが，そのセンテンスを間違えたり，言うことができなかったりしたら，もう1度，繰り返し練習しなければならない。かなりうまく言えるようになるまで，大声で繰り返そう。何度も繰り返しているうちに，きっと嫌になって，自分はまるで子供のようだと嘆き，やめたくなるかもしれない。

　しかし，信じなさい。やるのです！

　ネイティブスピーカーの音声を何度も何度も繰り返し聞くことで，あなたの耳は自然にトレーニングされ，あなたの頭は翻訳することなく，外国語を理解し始めるだろう。

　語学の勉強において，聞くこと，話すこと，書くことの中でいちばん大切なことは何なのかと尋ねられることは多いが，今のあなたに必要なのは，とにかくすべてを繰り返し復習し，練習することだ。

　やがてあなたは，聞くこと，話すこと，書くことのうちのどの1つが欠けても，語学をマスターしたことにならないことに気づくだろう。

13

単語力をつける

「いくつ知っているか」より「いくつ使えるか」

　もし，あなたが東京スカイツリーを建てなければならなかったら，いったい何を必要とするだろう？　まず，塔を建てるための広いスペースを見つけ，幾本かの鉄骨の梁と組み立てるためのボルトなどが必要となるだろう。

　東京スカイツリーを建てるのも，外国語を勉強することも全く同じようなものだ。広いスペースは，あなたの頭と実行力，そして，鉄骨の梁は文のフレーズと文法，ボルトは，単語に当たる。豊富な単語力は，言葉の表現を何倍にも増やすことができる。実際，外国語を学ぶことは単語力を抜きにして考えることはできない。

　しかし，膨大な量の単語をいったいどのようにして覚えていったら良いのだろうか？　しかも，どのようにしたら簡単に飽きずに覚えることができるのだろうか？

　あなたが外国語をマスターするには，いったいどのくらいの単語を覚えなくてはならないのだろうか？

13. 単語力をつける

単語量はあなたが何を言いたいのか，また何をどのくらい理解したいのかに比例する。言い換えれば，あなたがどの程度まで外国語ができるのか，あなたの目標のレベルで必要なボキャブラリーは大幅に変わってくる。

例えば，シンプルな会話をするだけなら，約200個の単語で何とかなるだろうし，もう少しシリアスな会話や新聞を読みたいならば，少なくとも500語は必要になってくるだろう。

もっとも，外国語をマスターする上では，受験勉強の単語を暗記する時のようにいくつ単語を知っているかということより，覚えた単語をいくつ使えるかということのほうが大切になってくる。

英語の勉強を経験したことのある人なら誰でも一度は，単語帳を作った経験があるだろう。よくやるのは，ノートの左側に外国語を書き，次に発音記号，意味を順に並べて，片方を何かで隠して覚えていくやり方だ。

しかし，このやり方には欠点がある。なぜなら，あなたはある単語を覚えるのと同時に，次に来る単語が何なのかも覚えてしまうからである。あなたはノートに書かれている単語の順番で単語の意味を覚えてしまい，どこかで突然，順番通りでない形でその中の単語を使われると，何の意味だったかを思い出すことができなくなってしまう。

カードを使う

そこで，私はノートに単語を書くことよりもカードに書くことをお勧めする。一般に市販されたカード式の単語帳

もあるが、これはお勧めできない。なぜなら、既製の単語カードに、あなたの必要とする単語が載っているとは限らない。あなたは、自分が使う言葉、必要とする言葉を覚えなければならない。いくらむずかしい単語を覚えても、使う機会がなかったら役に立たないし、たちまちのうちに忘れてしまうだろう。

　まず、あなたは文房具店に行って、縦3センチ横9センチくらいの真っ白なカードを買おう。カードの左上端に単語を書き、ぐるりと逆さまにして、同じように左端の上に違う単語を書く。裏面には、それぞれの意味を日本語で書き、その単語のちょっとした使い方や言い回しも書いておく（1枚のカードで2個の単語を覚えられる仕組みだ）。カードがたくさん集まったら、アルファベット順のインデックスボックスに整理しておこう。

そして，この単語カードを使って覚える時は，使うごとにトランプのカードのようにきって，単語の順番を入れ替えて使うようにする。覚えられない単語があれば，色の違うゴムバンドでカードを分類して，何度も繰り返す。また必要な単語カードだけをポケットに入れて，どこででも勉強することができることも，カードの利点だろう。

　次に，このカードを使っての覚え方だが，まず，単語を覚える手がかりを見つける。同じ意味の英語の単語を知っていたら，その外国語の何かと英語と，どこか似ている部分がないか探してみるのも1つの手だ。とにかく，想像しながら注意深く進めることが必要だ。

　次に，単語は大きな声を出して覚える。どのような単語も，覚える時はいつも大きな声を出しながら覚えるようにする。あなたの目は単語を見て確認し，あなたの口は単語の発音を繰り返し，あなたの耳はあなたが自分で何を言っているのかを聞く。単語を覚える時は，言うこと，聞くこと，見ることなど，あなたの体のすべての器官を利用しよう。最初，あなたは，声を出すことに抵抗を感じるかもしれない。しかし，羞恥心を取り除くことで，あなたの外国語は確実に早く上達するものである。

反射的に意味が出るようになる

　最後に，スピードをつけて覚えるようにすること。単語を覚える時，あなたは，反射的に単語の意味が口から出るようになるまで繰り返さなければならない。いちいち考えて，クロスワードパズルを解く時のように時間をかけない

ことだ。

　まず，初めに外国語の単語を見て，意味を覚えるようにする。すると，あなたは，その単語を聞いたり，見たりすれば，その意味が出るようになるだろう。それができるようになったら，反対に，意味からその単語が出てくるようにする。そして，確実に覚えることができたら，カードに確認のサインをつけるようにする。復習するごとに，覚えていたはずの単語を忘れてしまっていることもあるだろう。しかし，落胆せずにもう一度，繰り返そう。再び，その単語を覚え直す時，あなたは，前よりもずっと簡単にその単語を覚えることができることに気づくだろう。

　最後の仕上げは，単語の復習を繰り返しすることだ。確かに覚えにくい単語や何度も忘れる単語もあるだろう。しかし，そのような単語も繰り返すことを恐れず，怠ることがなければ，いずれ，必ずあなたの頭の中にしっかり入るだろう。

「ローマは一日にしてならず」

　ローマのみならず，パリもマドリッドもモスクワも，そして，あなたの外国語の勉強も，たった1日ではどうにもならないことを心に刻み込む。単語を覚えることはたゆまぬ繰り返しを続けることで，それで初めてあなたのものになる。ただ，それだけのことなのだ。

14 女性詞，男性詞，中性詞

性の区別はひたすら暗記

　ヨーロッパの言語には，英語にはない女性詞や男性詞また，中性詞が存在する。フランス語，ドイツ語，スペイン語，イタリア語，ロシア語，そしてアラビア語やヘブライ語に至るまで，たいていの言語には性の区別がある。なぜ言語に性の区別があるのかと聞かれても，ごく自然にそうなってきたのだから説明のつけようがない。日本語でも女言葉や男言葉があるように，人類の歴史の流れから見ても自然の成り行きで成立してきた。英語には性別の分類はないとされているが，よく見てみると簡単な性の区別はされている。

　表14-1のように，英語の単語を例に取ってみると，どれが女性詞，男性詞で，どれが中性詞であるか容易に見分けることができる。しかし，ヨーロッパの言語，例えばフランス語などは，単語の性別はもっと複雑に細分化している（表14-2）。

例えば，"man, bull, boy, rooster, husband, father" etc. は英語では男性を表し，それらを統括して "He" で表すことができる。
また，"girl, daughter, cow, mother, witch" etc. は女性を表し，"She" で表現できる。
そして，"house, car, coal, sky" etc. は性を持たない単語で，これらを英語では，"It" で表すことができる。

14-1　英語の性

例えば，"maison(house), boîte(box), force(strength), chaise (chair), démonstration(demonstration), gloire(glory), rue (street)" etc. は，すべて女性詞で，言葉の前に英語の場合の "the" をつける代わりに，いつも女性形の冠詞 "la" をつけなくてはいけない。
また，"château(castle), chien(dog), gâteau(cake), message (message), gouvernement(government), papier(paper)" etc. は，すべて男性詞で，言葉の前に英語の場合の "the" をつける代わりに男性形の冠詞 "le" をつけなければならない。

14-2　フランス語の性

14. 女性詞, 男性詞, 中性詞

　ややこしいのはこれだけではない。これらの名詞に形容詞がくっついた時, 例えば, 英語の "white paper", "big street", "heavy chair" に相当するフランス語では, 名詞が男性詞か女性詞かによって, 形容詞も同じように変化させていかなければならない ("le papier blanc", "la rue grande", "la chaise pesante")。めんどうくさいだろうか？　私たちにとっては, めんどうなことでも, フランス人にとってはごく自然なことで, 食事についてくるワインのようなものだと言えるかもしれない。

　ところが, ドイツ語やロシア語になると, 女性詞, 男性詞に中性詞が加わり, あなたは中性詞というもう1つのカテゴリーに分類された単語や文法を覚えなければならない。ドイツ語では, フランス語の "la" や "le" に代わる "der, die, das"（男性, 女性, 中性の冠詞）をつけなくてはならない。

　ロシア語は, 単語に英語の "the" をつけない代わりに, 男性, 女性, 中性詞の名詞の変化の分類とそれと一致する形容詞を確認しなければならない。

　私たち日本人は, これら性の変化や分類を予想することができない。むしろ, あなたはストレスを感じ, 不愉快な気持ちになるだけかもしれない。ただ, 単語の最後のスペルの変化が性別を知る手がかりとなることは, あなたにとってグッドニュースだろう。バッドニュースとしては, 複雑な単語の性別を判断する手段は, 唯一「暗記すること」以外に方法がないことを, ここでお知らせしておかなければならない。

15 スランプに落ち込んだら

スランプは必ずやってくる

あなたは,外国語の勉強を始めてしばらくすると,どんどん外国語が使えるようになっていく自分に驚いたことだろう。最初は何も話すことができなかったのに,少しずつ会話ができるようになると,「外国語が通じる」喜びを感じて勉強も楽しく進んでいったであろう。

しかし,何ヵ月もしてゆくと,次第に外国語が通じるあの感動が鈍くなり,外国語を勉強することの目新しさが減ってくる。そして,言いたいことがたくさん出てくるのに,自分の思うように外国語で表現できず,もどかしくなって嫌になるなどといった,誰もが必ず経験する最初のスランプがやって来る。

だが,何も落胆することはない。何ごともいつも調子よくいくとは限らないのだ。このスランプの間は,あなたの思うようには勉強がはかどらないだろうし,単語を覚えることもままならないかもしれない。その上,時間の無駄使

いのように，ただ無意味に今までのテキストを呆然と眺めているだけかもしれない。

ところがこの間に，あなたがそれまで何を学んだかをきちんと思い起こし，整理すれば，あなたのスランプ期は生きた時間へと変化していく。いちばん大切なことは，あなたは語学の勉強をすることが嫌になったこのスランプの時期に，勉強をやめないように努力することである。なぜなら，この憂鬱なスランプ期でさえ，少しずつ復習するようにすれば，あなたの頭の中は無意識に学んだことを整理して進歩しているからである。気づいていないのは，あなただけなのだ。

だが実際，スランプを長く続けているよりも，どうにかして早く脱出できるようにしたい。勉強の怠け癖がつく前に，前進しなければ今までの勉強も水の泡になるかもしれないのだ。

この時期，たぶん，あなたは自分のボキャブラリーの少なさに落胆して，勉強が嫌になる危険性が高い。例えば，あなたは，

"He loves music."（彼は音楽を愛している）

と言いたいが，どうも "love" という単語が出てこず，「ああ，私は何て簡単な単語も知らないのだろう」と落胆するかもしれない。しかし，あなたは，"like" を知っているなら，これを使って，

"He likes music very much."

と言おう。もし，あなたが，

"She tried to avoid the accident."

と言えなかったら,

"She did not want her car to hit the other car."
と言えば良い。

　言葉に詰まって話せないと嘆くのではなく,知っている単語だけで要領よく伝える努力をしよう。外国語会話が上達するというのは,1つにはこの経験の蓄積でもあるのだ。

　また,単語の意味を想像して使うこと。フランスにいる私の友達の娘は,アメリカにいるとき車のタイヤがパンクして修理会社に電話をしたが,彼女はパンクを意味する"flat"という単語を知らなかった。そこで彼女はタイヤが"dead"(死んだ)と,説明した。この言い方は,少し変だし,エレガントでも何でもない。しかし,その修理工は彼女のタイヤがパンクして困っていることを理解した。彼女は適切な単語を使うことができなかったが,コミュニケートは確実にできたのだ。

　外国語は,こういうものなのだ。確実に正確な言葉を使えるまで待っていたら,誰も話すことはできない。誰でも間違いながら,落胆しながら少しずつ進歩してゆくものだ。外国語の勉強をしたくなくなるスランプを乗り越えるために,私がこれからお話しする,いろいろなことにチャレンジしよう。

スランプ克服法

①フレーズと表現を組み合わせて勉強しよう。

　こうすれば,会話のレパートリーは簡単に広がり,会話をスムーズに運んでくれる。

15. スランプに落ち込んだら

"What I want to say is～"
"Well, as you may know～"
"One thing that I want to mention is～"
"You know, it's interesting that～"
"Well, I don't really know, but～"
"It's interesting that you should ask that～"
"You know, I was thinking about that earlier."

これらのフレーズを覚えておくと，あなたの考える時間を引き伸ばし，その間に会話のアイデアを見つけることができるだろう。

②あなたが初めの頃に勉強したリスニングの練習をもう一度繰り返してみよう。

するとあなたは，かつてなかなか聞き取れなかったネイティブスピーカーの会話の内容も，今では簡単に聞き取れる自分を発見するはずだ。

それは，あなたがどのような長い道のりを経てきたかを振り返らせ，感慨深い思いにさせるだろう。このことで直接スランプを乗り越えることはできないかもしれないが，ここであなたは自分自身を「今までよくやった」と，ほめてやることができる。

③今までとは違う教材を使ってみよう。

あなたは，すでに多くの外国語の教材の中から自分に合った教材を見つけて勉強しているだろう。少しの間，今まで使っていた教材は横に置いて，同じレベルの新しい教材で復習してみよう。たぶん，あなたはその教材がとても簡単でおもしろいと感じるだろう。なぜなら，それらの問題

は，あなたにとって初めて見るものでありながら，余りにも簡単に解くことができるからだ。

④**子供の本かマンガ本を読んでみよう。**

子供の本やマンガ本は，たくさんのスラングや感情表現などが入っていて，わからない時もあるだろう。しかし，実際に使うことのできる実用会話のフレーズが多く，勉強になる。あなたは，まだ，その外国語についてすべてを理解できないだろうし，わからないことが多すぎるが，別に落胆する必要はない。なぜなら，それはノーマルなことなのだ。

⑤**新しい辞書と旅行用の会話本を買おう。**

例えば，マンガ本でわからなかった単語を新しい辞書で調べてみよう。あなたがわからなかった単語は，すべて理解し覚えなければならない。また，新しく単語カードを作

り始めよう。あなたは，この作業で再び現実的になり，単語量が増えることに喜びを見いだすだろう。あなたが外国語のクラスに入っていても自主的にこの勉強は進めよう。外国語を勉強することの楽しみは，多くのことに興味を持ち，知ることにある。

⑥**ラジオの短波放送を聞こう。**

もし，あなたがラジオの放送があまりよく理解できなくても落胆しないように。やがてあなたの頭の中にたくさんの言葉やフレーズがたまり始めたら，突然，あなた自身が不思議に思うくらい理解することができるようになる。ラジオの放送は，その中の1つの単語をキャッチすることだけでさえ，あなたの外国語の勉強を現実的，立体的に誘導していく。そして，暇があれば，あなたが勉強している言語が話せて聞ける所に行くとよい。そこで，聞き慣れたフレーズや単語を拾えるかどうか試してみよう。ただし，ネイティブスピーカーが何を言っているかを完全に理解することを期待してはいけない。

⑦**映画（勉強している言語のもの）を見に行こう。**

できれば字幕付きでないオリジナルのものを見るほうが良いが，そのチャンスは少ないだろう。字幕がついていたらあなたは，簡単に理解することができる。字幕なしの映画だと，あなたは理解するのに本当に必死にならなければならないだろう。サウンドトラックの音声はクリアーでないことが多いが，もしあなたが字幕を見て，サウンドトラックから同じ言葉をキャッチすることができたら，あなたにとって学ぶことは多いに違いない。

しかし,ここで気をつけなくてはいけないことは,字幕は映画で言っていることのすべてを翻訳しているわけではないということだ。字幕は,ただ会話の要点だけを押さえて翻訳しているので,細かな訳ではない。

　映画は,俳優のジェスチャーやアクションを見ても音楽を聞いていても,外国の文化を感じることができる。映画以外にこのようなテレビ番組があるなら,映画より良い場合もある。テレビ番組の中で人々は,映画よりももっと直接的に話しかけるし,番組の内容も率直でわかりやすい傾向にあるからだ。

　⑧外国料理のレストランに行こう。

　あなたが勉強している外国語の国の食事をサービスするレストランで,ランチかディナーを食べてみよう。あなたが興味を持っている国の料理を食べることで,あなたはその言語や文化に近づいたように感じるだろう。その外国の料理の名前を知ることができるし,もし,ウエイターやウエイトレスがネイティブスピーカーなら,彼らの言語で料理をオーダーするようにしよう。少なくとも,その国の言語の"Hello"か"Thank you"は言うようにしよう。ミスをすることを恐れず,やってみよう。彼らはたぶん,あなたを助けてくれ,努力を喜んでくれるだろう。

　⑨外国語の新聞を買おう。

　あなたは,まず新聞を読み,見出しに何が書かれているか理解できるよう努力する。そして,あなたが最も興味のあるセクションのページを広げ,たくさん読むようにすると,あなたはその記事の要点を早くつかむことができるよ

うになる。もし，必要なら辞書を使うようにする。何度も出てくる単語は，そのうちに確実にあなたのボキャブラリーとなっていくだろう。

⑩外国人といっしょに会話できるチャンスをつかもう。

例えば，フランス人とあなたが英語で話しても，あまり良い結果は生まれてこない。しかし，ネイティブスピーカーと正しい外国語で話すことは，あなたにとってとても有益なことが多い。彼らは，あなたの外国語を正しく直してくれたり，適切な言い方を教えてくれるだろう。大したことのない質問でさえ，あなたは彼らに尋ねる努力をしなければならない。初めは月に1度でも，外国人と話す努力を続けてゆけば，半年後には大きな成果が表れるだろう。

もし，あなたのまわりにネイティブスピーカーがいない場合，自分自身に外国語で話しかけるよう努力しよう。歩いている時，ジョギングしている時，車の運転をしている時など良い機会だ。あなたはストーリーを話すか，問答を繰り返すようにする。

外国語を勉強する場合，時間はあなたの友達だ。もし，あなたがコツコツ勉強すれば，間違いなくあなたの外国語は上達するだろう。このことを忘れてはいけない。スランプは誰にでも必ず来るものだ。しかし，このように何を学んだかを整理し，あなたが興味のある外国の文化に努めて触れるようにすれば，この忌まわしいスランプを乗り切ることができる。

16 外国語をマスターできるのは，いつ？

外国語学習に終わりはないが，目的地はある

　外国語を勉強し始めた多くの人から，「いったいどのくらい勉強したら，きちんと話せるようになりますか」という質問を受けることが多い。しかし，私は「外国語の勉強には終わりがない」と答えるほかない。

　実際，どのくらいの時間や期間がかかるかは，各人の目標によって違う。正直に答えて，外国語をスラスラと滑らかに使いこなせるようになるには，勉強を始めてから何年もかかるだろう。もし，あなたが語学を生かして生活しようとするならば，かなり真剣な心構えと膨大な勉強時間を必要とするだろう。

　しかし，今のあなたは，外国語を理解し，会話ができれば良いのだ。そのくらいなら，まず今まで私が話してきた方法を続けることができれば，それほど時間をかけずに問題なくあなたの希望するレベルに到達することができるだろう。ここで，会話を上達させるためのもっと実際的な勉

16. 外国語をマスターできるのは，いつ？

強のコツをお話ししようと思う。

例えばあなたは，外国人と話す時，グループで話すよりマンツーマンで話すほうが話しやすいということに気づいているだろうか。

なぜなら，マンツーマンで話すほうが，あなた自身で会話をコントロールすることができるからだ。あなたは，相手との会話の中から確かな話の流れをつかむことができるだろう。相手の会話を完全に理解できなかった時でさえ，あなたはその話題が何であるかを容易に想像でき，相手が期待しているであろう答えを与えることができる。そのためには，会話の話題を提供できるように事前に用意しておくこと。そうすれば，あなたはその話題について想像がつきやすく，話がスムーズに進むようになる。

しかし，会話がスムーズに運ぶと，理解できない単語が時々出てくるようになるだろう。あなたは，相手にわからない単語を尋ねるだろうし，また勝手に想像してすましてしまうかもしれない。わからない単語を相手に聞くことやあなたが勝手に想像することは，会話の中では許されることだ。

ただ，勝手に想像する場合には，あなたの想像が当たれば良いが，はずれた場合，あなたは，相手の話を理解できず，トンチンカンな答えをしてしまって穴に入りたくなるような恥ずかしい思いをすることになるだろう。しかし，そのようなことは気にしないで，たとえば次の会話のように，話を続けること。そして，できるだけ，あなたが話の舵取りをするようにしよう。

"How long have you been in Jakalta, Mr. Tanaka?"
"Yes, I do."
"Do you want to visit the electronics factory before dinner?"
"No thank you, I already ate lunch."

　また，相手がネイティブスピーカーの場合，あなたが外国人とわかるなら，たいていは，ゆっくりクリアーに話してくれるだろう。そのおかげであなたは，注意深く聞くことができ，話の筋を把握することができる。しかし，やがて，相手が会話のトピックを変える時がやってくる。その時あなたは，新しいトピックを追いかけ，注意深く理解しながら，何についてどのように話を進めていくかを考えながら話さなければならない。

「ネイティブ」を目指してはいけない

　外国語を勉強している人の目標に，ネイティブスピーカーのように話せるようになりたいということがある。残念だが，ネイティブスピーカーのようになることは期待しないほうが良い。

　ネイティブスピーカーは，誰でもその言語を話しながら，成長してきた。彼らは，自分たちの言葉のほとんどすべてを知っているだろう。例えば，スラング，ベビーワード，ジョーク，ダジャレ，詩的な表現，フォーマルな言い方，広告のスローガン，有名な文学の引用句など。

　あなたがその国に何年も住むならば，彼らがどのように

話すかを目の当たりにすることができ，やがて話の内容をおおよそつかむことができるようになるだろう。だが，ネイティブスピーカーにはなれない。それはある意味，あなたにとってグッドニュースだろう。全人生をその国で過ごすほどでなければ，本当のネイティブスピーカーになれないのだから，それを気に病む必要はない。

使える時間から目標を設定する

ただ，あなたはどのくらい上達したいのかを決めなければならないだろう。そのためには，どのくらいの時間を語学の勉強に充てられるかを計算しなければならない。

きっとあなたは，外国語を話せる自分をイメージしながら多くの時間を勉強に捧げる決意をするに違いない。あなたは，すでに繰り返し練習することが，語学の上達の最短の道であることを知っているのだ。

そんなあなたに，アメリカのこんな有名なジョークをプレゼントしよう。

ニューヨークのバス終点駅（Port Authority）で若い音楽家がタクシーの運転手にきいた。

"Excuse me, how do I get to Carnegie Hall?"
（失礼ですが，カーネギーホールへはどのように行けば良いのでしょうか？）

"Practice, Practice, Practice."
（練習，ひたすら練習ですよ）

では，勉強してゆくうちにぶつかると思われるポイントについてもう少し具体的にお話ししよう。

☆ローカルアクセントに注意する

あなたも知っているように，どの言語にも方言がある。アメリカのように広い国土を持つ国には，ブルックリン，ボストン，ニュージャージー，バージニア，テネシー，テキサス，アイオワなど，数え切れない訛りがある。あの小さなイギリスでさえ，数マイル離れただけで方言がある。

地方に住む人の誰もが，あなたの語学の先生のようには，もしくはアナウンサーのようには，標準語で話してくれない。あなたがその国のいろいろな地方を回ると，武骨でモグモグ話すような訛りや，アメリカ南部地方のようなタフな訛りに遭遇するだろう。

確かに，初めは聞き取りにくいが，そのうちにバラエティのあるアクセントにも慣れてくると，その言語も楽しく，味わい深いものになってくるはずだ。

☆電話に注意する

外国語を勉強していくと，遅かれ早かれ，誰か外国人に電話をかけるか，電話を受けるかしなければならないケースが出てくるだろう。最初，たいていの人は電話で話すことに恐怖を感じる。なぜなら，電話では話す相手の口が見えないからだ。

私たちは人の話を聞く時，自分の目がよく働いている。もちろん，話を続ける時は口をフルに使うことは言うまでもないが，特に外国語で会話をする場合には，目で相手の口の動きを見ている。

16. 外国語をマスターできるのは，いつ？

また，受話器を通した声は，直接話す時に比べて，声の質はクリアーではなくなる。その上，電話の会話になると，誰でも話のピッチがいくぶん早まる。しかし，電話で話すことを恐れないためには，何度も話して慣れるしかない。

☆ジョークに注意

中級程度話せる人にとって，会話にジョークが入ってくると，突然，アッパーカットを食らったような気持ちになるという。

語学力がこの程度では，まだジョークで笑えないし，使えないだろう。外国語でウイットにとんだ話ができれば一人前だが，それも，多くの人は失敗しながらできるようになる。ネイティブスピーカーでも，ジョークを織り交ぜたセンスある会話はむずかしい。それにジョークは，各人の性格に負うところも多い。

だが心配しなくとも，あなたの外国語が上達すればするほど，気の利いた会話はできるようになる。

☆悪い言葉を使わない

どの言語にも，悪い，汚い言葉がある。子供たちは成長していく過程で，この種の言葉を覚えていく。あなたが若ければ，ネイティブの友達が友達同士の間で使うだろうが，しかし親の前や公の場では使わない言葉がある。つまり，悪い言葉である。

あなたがその言葉の意味をしっかり知っていて，時と場所をわきまえて使うのなら良いかもしれないが，実際，あまり使わないほうが無難だろう。

2つ目の外国語はもっと楽

 もし，あなたが最初の外国語をかなりよく勉強し，使えるようになったら，たぶん他の外国語も勉強したいという誘惑にかられるだろう。そうなれば，あなたは次の外国語を見つけ，1つ目の時よりもっと簡単に使えるようになっていくだろう。

 外国語を話せるようになることは，同時に別の大きな報酬を得ることでもある。中国に「一つの言語，一人の人。二つの言語，二人の人」ということわざがある。あなたは，新しい外国語を勉強した時，新しい文化を吸収すると共に，新しい人となることができるのだ。そして，新しい自分の道を見つけ，新しい世界が大きく開かれていく。

さまざまな学習教材の特徴

 現在では，様々な言語学習のプログラムが利用できる。ここで，いくつか私の感想を交えて紹介しよう。

 繰り返しになるが，会話を学習するには，ネイティブスピーカーの発音に慣れ，自分の舌や顔の筋肉を積極的に動かすことが必要だということを覚えておこう。赤ちゃんはまねをして，自分で考えながら学習する。それは，テニスやスキーなどスポーツのスキルを習得することに似ている。練習，練習，また練習。それ以外にはない。

1．ピムスラーメソッド：Pimsleur Method
　ピムスラーメソッド（しばしばピムスラー言語学習シス

16. 外国語をマスターできるのは，いつ?

テム Pimsleur Language Learning System とも言われる）は，アメリカのポール・ピムスラー（Paul Pimsleur：1927-1976）が作り上げたもので，教材としては，ピムスラー言語プログラム（Pimsleur Language Programs）がサイモン＆シュスター社（Simon & Schuster）から，発行・発売されている。

これは，子供が言葉を覚える仕組みを利用して開発した言語習得方法である。丸暗記をするのではなく，積極的な参加を重要視したレッスンで，音声（リスニングとスピーキング）を基本とする。ピムスラーは，言語の習得には記憶の繋がりと言語の呼び起こしを形成することが重要だとして，次の2つのプロセスに基づいたシステムを作り上げた。毎日30分間のレッスンで構成されている。

① 予測する

一般的な言語コースでは，ネイティブスピーカーの後に同じ会話を繰り返すことが要求されるが，ピムスラーメソッドでは，挑戦と応対というテクニックが基本。これは，ネイティブスピーカーからの質問に対して，生徒が学習した特定のフレーズを使って目標言語に置き換えようと試みるレッスンである。単純にフレーズを繰り返すのではなく，生徒が応答する前に答えを予測し考えることを要求する，より積極的な学習を意図している。話し手がフレーズを即座に思い出さなければならない実生活の会話を反映した学習方法だと言える。

② 記憶を呼び起こす

学習した語彙を，間隔をあけて復習するという記憶方法

だ。

　そして，思い出す間隔を次第に長くしていき，何度も繰り返し記憶を呼び起こしていく。学生にある言葉を教える場合，言葉を数秒ごとにテストし，その後は数分ごと，数時間ごと，そして数日ごと，とテストを繰り返す。間隔をあけて呼び起こし練習をすることにより，生徒の記憶を長期記憶へと移行させていくのだ。

　ピムスラーが1967年度に計画した記憶間隔は，以下の通り。

　5秒，25秒，2分，10分，1時間，5時間，1日，5日，25日，4ヵ月そして2年。この間隔でテストをしていくと，記憶が効率よく定着する。

2．ロゼッタストーンプログラム：Rosetta Stone Programs
　このプログラムは広く宣伝されているが，これを使用した私の友人は，あまり上達していない。

3．ランゲージ101ドットコム：Language101.com
　スピーキングに重点を置いている。リーディング，ライティング，スペリング，グラマーのいずれでもない。入門レベルには良いかもしれないが，完全に言語をマスターするには良いとは言えない。

4．リンガフォン：Linguaphone
　私自身，使用したことがある。ネイティブスピーカーが話したことを繰り返す方法で，継続してある程度の時間を

学習に費やす限りにおいては，良い進歩があった。

5．フレンチ・イン・アクション：French in Action

　エール大学の言語研究所所長であるピエール・カプレッツ（Pierre Capretz）の著作で，WGBH 教育財団がウェルズリー大学（Wellesley College）と共同で製作したビデオプログラムである。1987年に発売された。ビデオでは，アメリカ人の女の子とネイティブのフランス人の女の子のロマンチックな物語が描かれている。このビデオを見ながら練習を行う間に，流暢なフランス語と多くの表現を身につけられる。

学ぶための決意はあるか

　言語学習は，自分が学んだことを記憶するということに等しい。しかし，記憶できる時間は非常に短い。新しい情報は，短い間隔で何度も何度も繰り返される必要がある。言語を学ぶ上で，忘却は敵だが，一方で誰もが忘れるということは，認識しておくべきだ。忘れるということは，生理的なメカニズムなのである。人間が朝起きたとき幸せな気分でいるためには，前日までに起こった不快な出来事や考えは忘れられるべきなのだ。よって，忘れるということに対して心配することはない。学んだことを，ただ繰り返し強化しよう。前述したように，学習は楽しい経験であるべきで，苦しむべきではないのだ。

　最後に，トーマス・ヤング博士（Dr. Thomas Young：1773-1829）の言葉を紹介しよう。彼は，学習は「自分自

身で学ぶこと」だと述べている。自身のやる気と決意で自分自身で学んでいるだけなのだ,と。

ヤング博士は,物理学者,医師,ロゼッタストーンの解読を始めた言語学者であり,エジプト学者,音楽家などでもあった。彼は,1773年,英国サマセットのミルヴァートンにあるクェーカーの家庭に10人兄弟の長男として生まれる。14歳でギリシャ語とラテン語を学んだほか,フランス語,イタリア語,ヘブライ語,ドイツ語,カルデア語,シリア語,サマリア語,アラビア語,ペルシャ語,トルコ語,アムハラ語に精通していたという。

1792年にロンドンで医学を学び,1794年にエジンバラへ移り,1年後にドイツのニーダーザクセン州のゲッティンゲンへ行った。そこで彼は1796年に物理学の博士号を取得し,翌年,ケンブリッジのエマニュエル大学へ入学。同年,彼は叔父のリチャード・ブロックレスビーの遺産を相続したことで経済的に独立することができ,1799年にロンドンのウェルベック通りで医師として開業した。

1801年,ヤングは王立研究所(Royal Institution)での自然哲学(主に物理学)の教授に任命されたが,やがて教授職を辞任。教えることより,研究にもっと時間を注ぎたかったからだという。その後,数多くの理論を発表した。

"Jack of all trades, master of none"(多芸は無芸)は,平均的なレベルで多くのことを上手くやる人(凡人のジャック)を描写するやや軽蔑的な表現だが,どの芸においても抜きん出ることなく,達人にならない場合が往々にしてある。しかしながら,多くの研究分野で抜きん出る珍しい

16. 外国語をマスターできるのは，いつ?

才能のある天才も時にはおり，全ての業界における博学者または達人（polymath or master of all trades）と呼ばれる人がいる。トーマス・ヤングはその一人だ。

そんな多分野で才能を発揮したヤングでさえ，学習は自らのやる気と決意で行うものだと言っているのだ。

あなたが外国語の習得をなし遂げられるよう，幸運を祈る。

17

民族性と言語と宗教

　言語は，民族の文化の一部である（表17-1参照）。言語の他に，宗教も民族の文化の重要な部分だ。山や川に隔てられた国や人々は，方言や文化的アイデンティティを発達させた。民族性は，一般的には言語や宗教と並行して生まれる。民族的，宗教的，言語的に異なるグループの共存は，支配者が変わったという歴史を意味するものであり，近頃ではユーゴスラビアの崩壊によって，ダルマチアやバルカン半島で人口の移動が起こっている。

　例えば，2015年現在，クロアチアの失業率は17％だが，18〜25歳の若い世代では50％となっており，ちょうど若者の失業率が悪化しているスペインの状況に似ている。教育的レベルは高いのだが，大学を卒業した若者たちは，自分が専攻した分野の仕事を見つけることができない。そして，そうした若い世代による新たな移住の波が起こっているのだ。これは将来的に見て，国家の喪失につながるだろう。政治的にコネのある年配の世代のみが，高給の職に就くからだ。

17. 民族性と言語と宗教

17-1 本書で紹介する言語

	言語系統	言語	第一言語人口(百万)	第二言語人口(百万)	言語人口合計(百万)	主な宗教とその割合(%)	
1	バルト語派	ラトビア語	1.2	0.7	1.9	プロテスタント	34
2	バルト語派	リトアニア語	3.2	0.8	4	カトリック	77
3	西スラブ語群	ポーランド語	40	40	80	カトリック	91
4	西スラブ語群	チェコ語	10	—	10	宗教なし	89
5	西スラブ語群	スロバキア語	4.6	—	4.6	カトリック	62
6	南スラブ語群	セルビア語	8.7	1	9.7	正教	85
7	南スラブ語群	クロアチア語	4.3	0.2	4.5	カトリック	90
8	南スラブ語群	スロベニア語	2	0.1	2.1	カトリック	97
9	南スラブ語群	モンテネグロ語	0.6	—	0.6	正教	74
10	南スラブ語群	アルバニア語	7.4	—	7.4	イスラム教	59
11	東南スラブ語群	マケドニア語	2	0.25	2.25	正教	65
12	東南スラブ語群	ブルガリア語	6.8	—	6.8	正教	85
13	東スラブ語群	ロシア語	144	144	288	正教	75
14	東スラブ語群	ウクライナ語	30	1	31	正教	95
15	北ゲルマン語群	デンマーク語	6	—	6	ルーテル派	78
16	北ゲルマン語群	スウェーデン語	9	—	9	ルーテル派	68
17	北ゲルマン語群	ノルウェー語	5	—	5	ルーテル派	77
18	北ゲルマン語群	アイスランド語	0.32	—	0.32	ルーテル派	75
19	西ゲルマン語群	英語	430	470	1000	アングリカン	—

	言語系統	言語	第一言語人口(百万)	第二言語人口(百万)	言語人口合計(百万)	主な宗教とその割合(%)	
20	西ゲルマン語群	ドイツ語	90	120	210	カトリック	31
						プロテスタント	30
21	西ゲルマン語群	オランダ語	23	5	28	カトリック	25
						プロテスタント	15
22	西ゲルマン語群	フラマン語	1	—	1	カトリック	75
23	西ゲルマン語群	イディッシュ語	1.5	—	1.5	ユダヤ教	—
24	ケルト語派	アイルランド語	1.3	—	1.3	カトリック	97
25	イタリック語派	ラテン語	—		—	カトリック	—
26	イタリック語派	イタリア語	64	14	78	カトリック	81
27	イタリック語派	スペイン語	414	86	500	カトリック	69
28	イタリック語派	カタルーニャ語	4.1	5.1	9.2	カトリック	—
29	イタリック語派	ポルトガル語	215	45	260	カトリック	81
30	イタリック語派	フランス語	75	115	190	カトリック	94
31	イタリック語派	ルーマニア語	24	4	28	正教	87
32	ウラル語族	ハンガリー語	12	1	13	カトリック	37
33	ウラル語族	フィンランド語	5	—	5	ルーテル派	75
34	ウラル語族	エストニア語	1.1	0.2	1.3	正教	16
35	ギリシャ語派	ギリシャ語	13	—	13	ルーテル派	78
36	セム語派	ヘブライ語	9	—	9	ユダヤ教	76
37	セム語派	マルタ語	0.3	0.07	0.37	カトリック	98
38	テュルク諸語族	トルコ語	71	—	71	イスラム教	99

	言語系統	言語	第一言語人口(百万)	第二言語人口(百万)	言語人口合計(百万)	主な宗教とその割合(%)	
39	インド・イラン語派	ペルシャ語	45	60	105	イスラム教	98
40	インド・イラン語派	アルメニア語	8	—	8	正教	93
41	インド・イラン語派	ヒンズー語	258	—	258	ヒンズー教	81
42	ドラヴィダ語族	タミル語	70	8	78	ヒンズー教	100
43	アフロ・アジア語族	アラビア語	290	—	290	イスラム教	90
44	ニジェール・コンゴ語族	スワヒリ語	150		150	—	—
45	アジア語	中国語	1393.4		1393.4	仏教／多神教	40
46	アジア語	韓国語	77	—	77	仏教	23
						キリスト教	29
47	アジア語	インドネシア語	23〜43	165	208	イスラム教	87
48	アジア語	タガログ語	28	45	73	カトリック	87
49	アジア語	タイ語	20	40	60	仏教	93
50	アジア語	ベトナム語	75	—	75	仏教	85

『National Geographic Atlas of the World 9th edition, 2011』などを基に作成

教会の意義

ヨーロッパや西洋文明の旅をすると，教会に魅了されるだろう。大抵の場合，教会は貴重な絵画のコレクションを有し，金，銀，貴重な石が配されており，建物の建築様式においては，街のシンボルとして最も高く大きな建物となっている。こうした大きな教会の名前を区別するのに覚え

ておくべきことがある。

　大聖堂（Basilica）は聖人の座であり，聖人の遺体が床下に埋葬されているか，祭壇の石棺に納められている。

　カテドラル（Cathedral）の語源はギリシャ語で，力と管理の座を意味している。それは司教（Bishop）の座を意味する。ヨーロッパで大きくて印象的な教会を訪れた際には，巨匠たちによる聖書にまつわる高価な装飾品，大理石，絵画を目にするだろう。その昔，教育は，裕福な貴族や権力のある人々の特権であり，文字を読めない人のために聖書は教会の壁やステンドグラス上の絵で語り伝えられていたのだ。

18 現代の移民の新しい波

新しいディアスポラ

ディアスポラ（Diaspora）とは，本来，祖国パレスチナの外に離散したユダヤ人集団の殖民のことを指していた。だが，現在では新たな一派として，戦争で強制退去となり祖国から離れた地に定住した人々や，祖国での職不足のため祖国以外の国へ移る社会経済的移民も新しく加わるようになった。現代の教育を受けた若者は，働くチャンスを探し求めて世界中に散らばるようになっている。

民族の大移住──生き残りのためから，よりよい生活のための移住へ

過去において，人々の移住は確実にあった。アフリカにいたとされる我々の祖先は，ヨーロッパ，アジア，そしてアメリカ大陸へと移住した。日本の縄文人は，ポリネシアから日本列島に定住したのだろう。日本列島がアジア大陸の一部だった時代，弥生人は韓国から大陸を渡り，後に日本を征服した。ユダヤ人は，メソポタミアからイスラエル

へと移住した。フェニキア人とギリシャ人は，優れた航海技術により地中海沿岸を征服し，シチリア，カルタゴなどに定住した。アレキサンダー大王は，トルコ，エジプトそしてアジアで広大な領土を征服。そして，ローマ人は地中海を征服し，ゲルマン民族は西へ移住し，イギリス諸島へ定住した。スラブ人は，ゲルマン民族が住んでいた地にも移っていった。

バイキングは，アイスランド，アイルランド，英国，フランスへ移住し，その遥か東のカスピ海，ドナウ川沿岸などへと移っていった。バイキングは蒸気で材木を曲げる造船技術を開発し，航海ツールを考案して逆風や逆流を航海した。航海は，道や橋のない高い山を登ったり広大な川を渡るよりも，ずっと効率的だったからである。

また，トスカーナの凶作が起こった時代，北イタリア人はシチリアへ移動して働き，その中には定住した人もいた。

線路や蒸気船は世界を変えた。多くのヨーロッパ人は，南北アメリカへと移住し，現在，世界中の人々が農村から都市へ，家から難民キャンプへ，そして東から西へ，西から東へ，北半球から南半球へ，またその逆への移動も同様に起こっている。およそ2億人の人々が故国の外に住み，6000万人以上の人々が発展途上国から先進国へと移住している。

1970年代，数多くのアイルランド人や英国人がニューヨーク市の病院で働いていた。バミューダ諸島のウェイターも英国の白人だった。現代では，ニューヨークの病院に働

く多くの看護師やウェイターは,バミューダ人やフィリピン人だ。サウジアラビアの病院で働く看護師も,多くがフィリピン人である。

現在,フィリピンやインドの人々は,アメリカや中東など求人のある所へどこでも移動して行っている(表18-1参照)。大規模な移動としては,400万人以上もの人々がメキシコからロサンジェルスへ大量移住している。自国内では,農村から大都市へと人口が移動していく傾向にある。その結果,少数の人々によってのみ話されていた言語は廃れ,絶滅しつつあるのだ。

18-1 各都市に住む外国人の人口と出生国

移住地	都市圏人口(百万)	外国出生人口(百万)	外国出生人口の割合(%)	外国人の主な出生国
ニューヨーク	18	5.1	28	中国,インド,ドミニカ,メキシコ,ジャマイカ
ロサンジェルス	18	4.4	24	メキシコ,フィリピン,ベトナム,韓国
香港	7.2	3	42	中国
トロント(カナダ)	6	2.1	35	中国,インド
マイアミ(米フロリダ州)	5.5	1.9	35	キューバ,ドミニカ
ロンドン	21	1.9	9	インド,アイルランド,ナイジェリア,ジャマイカ
シカゴ	9.5	1.6	17	中国,インド,ポーランド

移住地	都市圏人口(百万)	外国出生人口(百万)	外国出生人口の割合(%)	外国人の主な出生国
モスクワ	12	1.6	13	ウクライナ，旧ソビエト連邦の国
リヤド(サウジアラビア)	7	1.5	21	バングラデシュ，インド，パキスタン
シンガポール	5	1.4	28	中国，インド，インドネシア
サンフランシスコ	4	1.2	30	中国，インド，インドネシア
シドニー(オーストラリア)	4.8	1.2	25	英国，ニュージーランド，ベトナム，中国，レバノン
ジッダ(サウジアラビア)	5.1	1.2	24	バングラデシュ，インド，パキスタン
ヒューストン(米テキサス州)	6	1.1	18	メキシコ
パリ	12	1.1	9	アルジェリア，モロッコ
ドバイ(アラブ首長国連邦)	2.1	1.1	52	インド，パキスタン，バングラデシュ，フィリピン
ワシントンD.C.	5.8	1	17	ドミニカ，ジャマイカ
ダラス(米テキサス州)	6.8	1	15	メキシコ，ドミニカ
メルボルン(オーストラリア)	4.3	1	23	英国，ニュージーランド

移住地	都市圏人口(百万)	外国出生人口(百万)	外国出生人口の割合(%)	外国人の主な出生国
ブエノスアイレス(アルゼンチン)	2.9	0.9	31	ウルグアイ, パラグアイ, ボリビア, イタリア, スペイン
リバーサイド(米カリフォルニア州)	2.4	0.8	33	メキシコ, 中国
バンクーバー(カナダ)	2.4	0.8	33	香港, 中国, インド
ボストン	7.6	0.7	9	アイルランド, ポーランド
サンクトペテルブルク(ロシア)	5	0.7	14	ウクライナ, 旧ソビエト連邦の国
テルアビブ・ヤッファ(イスラエル)	3.5	0.7	20	ロシア, ウクライナ

『National Geographic Atlas of the World 9th edition, 2011』を基に作成

世界の言語話者人口のまとめ

次のページの表18-2に示したのは,各言語を話す人口である。ここからわかる通り,英語は,世界におけるビジネス,科学,観光での共通語または国際語であるにもかかわらず,言語人口としては世界第2位。中国における大規模な人口の増加によって,第一言語を話す人口は彼らの言語が圧倒しているのが現状だ。

18-2 各言語の話者人口

	言語	第一言語人口（百万）	第二言語人口（百万）	合計（百万）
1	中国語	1393.4	—	1393.4
2	英語	430	470	1000
3	スペイン語	414	86	500
4	アラビア語	290	—	290
5	ロシア語	144	144	288
6	ポルトガル語	215	45	260
7	ヒンズー語	258	—	258
8	ドイツ語	90	120	210
9	インドネシア語	23〜43	165	208
10	フランス語	75	115	190
11	スワヒリ語	150	—	150
12	ペルシャ語	45	60	105
13	ポーランド語	40	40	80
14	イタリア語	64	14	78
14	タミル語	70	8	78
16	韓国語	77	—	77
17	ベトナム語	75	—	75
18	タガログ語	28	45	73
19	トルコ語	71	—	71
20	タイ語	20	40	60
21	ウクライナ語	30	1	31
22	オランダ語	23	5	28
22	ルーマニア語	24	4	28
24	ギリシャ語	13	—	13
24	ハンガリー語	12	1	13

18. 現代の移民の新しい波

	言語	第一言語人口（百万）	第二言語人口（百万）	合計（百万）
26	チェコ語	10	—	10
27	セルビア語	8.7	1	9.7
28	カタルーニャ語	4.1	5.1	9.2
29	スウェーデン語	9	—	9
29	ヘブライ語	9	—	9
31	アルメニア語	8	—	8
32	アルバニア語	7.4	—	7.4
33	ブルガリア語	6.8	—	6.8
34	デンマーク語	6	—	6
35	ノルウェー語	5	—	5
35	フィンランド語	5	—	5
37	スロバキア語	4.6	—	4.6
38	クロアチア語	4.3	0.2	4.5
39	リトアニア語	3.2	0.8	4
40	マケドニア語	2	0.25	2.25
41	スロベニア語	2	0.1	2.1
42	ラトビア語	1.2	0.7	1.9
43	イディッシュ語	1.5	—	1.5
44	アイルランド語	1.3	—	1.3
44	エストニア語	1.1	0.2	1.3
46	フラマン語	1	—	1
47	モンテネグロ語	0.6	—	0.6
48	マルタ語	0.3	0.07	0.37
49	アイスランド語	0.32	—	0.32

征服者による言語の抑圧の歴史

　外国人の支配者は，征服によって被支配者に自らの言語使用を強要した。そこでは，さまざまな従順と対立のドラマが繰り広げられる。

　アレキサンダー大王（紀元前356～前323年）は，征服領土に将校たちを支配者として置いていった。彼は，支配者と被支配者を相互理解させようと，将校たちに地元の文化や言語を学ばせ，地元の女性と結婚することを奨励した。将校プトレマイオスの末裔のクレオパトラが，アフリカ人のような特徴と肌の色を持っていたと言われるのは，こうした背景が関係しているようだ。

　スカンジナビアのノルスメン（Norsemen）またはノルマンズ（Normans），すなわちバイキングの一族は，フランスのノルマンディを9世紀から10世紀まで征服した。それゆえにこの地は，ノルマンの土地（Norman's land）またはノルマンディ（Normandy）として知られるようになったのだ。支配者の言語を押し付ける一般的な例とは異なり，地元住民の数が多いためか，支配者は地元のフランス語を宮殿の公式言語として採用した。これは歴史的に見ても異例といえる。オレンジ公ウィリアムは，1066年10月に英国のハロルド王を打ち負かした際，フランス語を宮殿で使用するだけでなく，アングロサクソン語の英語を英国の言語として導入した。

　ポーランドにおいては，ポーランド分割後，オーストリア，ドイツ，ロシア陣営はかなりの圧力を国民に加え（19

～20世紀初期)，その結果，ポーランド語を抑制した。にもかかわらず，質の高い文学は何世紀にもわたって発展し，現在ではポーランド語を含む西スラブ語群を話す人が最も多くいる。ポーランド人のポーランド語は，文化，民族性，人種的アイデンティティを維持するため，人々を固く団結させた。

アイルランドでは，英語の地位が上がり，アイルランド語の運命に影響を及ぼした。16〜17世紀にかけて，エリザベス朝の役人は，アイルランド語の使用が現地アイルランドでの英国の存在に対して脅威となるとし，その使用は好ましくないとみなした。17世紀，英国支配下において，アイルランド語の使用度の減少が始まり，1845〜1849年の大飢饉の後には激減する。特にアイルランド語を話す地域は大打撃を受け，英国支配が終焉を迎えるまでにこの言語の話者は国民の15％以下と少数派になったのである。

クロアチアとポーランドの状況

英語は，アメリカやヨーロッパなど英語圏におけるビジネス，科学，観光での共通語であり，国際語でもある。クロアチア（母国語はクロアチア語）では，幼稚園で英語を学び始め，中学校では第三言語または第四言語を学ぶ。前述したとおり，近年失業率が急上昇しており，言語の学習は，ビジネスの世界で生き抜くには不可欠だからだ。海外へ移住する若者も多い。

ポーランドは，優れた勤務倫理，文化のある平和な国家だが，国内では雇用が不十分である。国内のポーランド人

の人口は約4000万人で,同じ数の人口が職を求めて海外にいる。センチメンタルになったり,悲しんでいる暇は彼らにはない。家族や友人の全てが同じ場所,しかも大抵の場合は同じ通りに移住している。ニューヨークにも,同じ国の同じ街から大勢の人々が移住している通りがある。

こうした職に就くことを目的とした移民の新しい波は,不作により,北イタリア人が暖かい気候,豊かな農作物,農作業のあるシチリアへ移動したケースとは異なる。また,東ヨーロッパやバルカン地方における戦火で崩壊した領域での強制移住者の大量難民の移動とも異なる。

民族の大量虐殺

特定の民族集団の大量虐殺または絶滅は,古代ローマやジンギスカンの時代から行われてきた。最近では,トルコのアルメニア人200万人の虐殺,ヨシフ・スターリンのウクライナ人の農民200万人の虐殺,ヒトラーのユダヤ人600万人の虐殺,クメール・ルージュによるカンボジア人200万人の虐殺,ルワンダでのフツ族によるツチ族の虐殺などがあった。

ユーゴスラビアでは民族の緊張が高まり,1991年から1999年にかけてユーゴスラビア紛争が起こった。この間,セルビア人の政治家ミロシェヴィッチは,多数の民族,とくにコソボのアルバニア人を殺害している。紛争の結果,ユーゴスラビア連邦は解体し,民族の移動が起こり,6つの国が生まれた。そして,言語も6つに分かれていったのだ。

同じ国でも違う言語を話す人々

2ヵ国語が話されている国では、国の事業を共同で行うのに十分成熟しているように見えるが、2つの言語集団または民族系集団間において、見識、哲学、文化的差異があることは間違いない。大抵の場合、互いに妥協するが、時にそうした違いは社会問題として表面化することがある。

ベルギーでは、北のフラマン語（オランダ語）の話者と南のフランス語の話者は、お互いを信用していないという。

カナダのケベック州では、フランス語を話す人々は、英語を話す人々にカナダ中部や西部へ出て行ってほしいと思っている傾向にある。

同様に、スペインでは、スペイン北東部のバルセロナでカタルーニャ語を話す人々の多くは、カステリャーノというスペイン語を話すスペインから解放されたいと思っている。また、バスク自治州の人は彼ら自身の言語を持っており、自分たちはスペイン人だと思っていない。

スコットランド人は、必ずしも言語が原因ではないが、長期にわたる英国支配の影響や、文化の歴史そしてスコットランド人の誇りから、英国を抜け出したいと思っている人が多い。

多民族国家，アメリカ

15世紀以降、新天地を求めて多くの民族が北米大陸に移住した。元々、先住民が暮らしていた土地に世界中から人々が押し寄せ、米国はまさに多民族国家となる。

18-3 アメリカに住む民族

順位	米国住民の先祖	米国住民の数	総人口に占める割合(%)	人口集中地区
1	ドイツ系	4920万人	17.1	アメリカ合衆国中西部
2	アフリカ系	4128万人	13.6	アメリカ合衆国南部
3	アイルランド系	3552万人	11.6	ニューヨーク州, マサチューセッツ州, ペンシルベニア州, イリノイ州
4	メキシコ系	3179万人	10.9	カリフォルニア州, テキサス州
5	英国系	2692万人	9.0	ニューイングランド
6	米国系	1991万人	6.7	アメリカ合衆国東海岸
7	イタリア系	1756万人	5.9	ニューヨーク州, ペンシルベニア州
8	ポーランド系	974万人	3.0	ニューヨーク州（とくにバッファロー市）, シカゴ市
9	フランス系	914万人	2.9	バーモント州, ルイジアナ州
10	スコットランド系	571万人	1.9	アメリカ合衆国東海岸
11	スコットアイルランド系	510万人	1.7	アパラチア山脈周辺
12	アメリカ州の先住民族	492万人	1.6	アメリカ合衆国中西部
13	オランダ系	481万人	1.6	ニューヨーク州
14	プエルトリコ系	461万人	1.5	ニューヨーク州
15	スカンジナビア系	300万人	1.0	ミネソタ州, アイオワ州

『National Geographic Atlas of the World 9th edition, 2011』などを基に作成

19

外国語はこんなにたくさん

私の学んだ外国語

　これから紹介するのは，これまで私が学んできた50ヵ国語である（17章の表17-1参照）。学んできたときに感じた各言語の特徴を簡単に紹介してみた。これでどの言語かに興味をひかれ，入門書を手にされる方が1人でも出てくれたら幸いである。なお，ここに挙げた言語の名称，分類の仕方は，必ずしも言語学・比較言語学に基づく分類ではない。143〜145ページの言語分類表の順番に基づき表示しており，同じ言語族における言語の類似性を比較することができる。

　また，各言語の挨拶語や数詞も紹介しているが，その際には，ローマ字系の文字で表記する言語は，発音等を示す綴字記号が多少追加される場合でも，その言語の表記をそのまま示し，それに片仮名で発音を記した。

　ロシア語のキリル文字のように，ローマ字ではないがローマ字と対応がつく言語では，原語の表記に加え，対応す

る英語式ローマ字綴りを示し，それに片仮名で発音を記した。

　ヘブライ文字やアラビア文字のようなローマ字と対応のつかない別系統の文字を使う言語についても，原語表記と同時に，その発音を英語式ローマ字綴りに従って表記し，さらにそれに片仮名を付した。国際音声記号は基本的には記していない。

　本文中では，ローマ字系以外の言葉について述べる場合，活字の都合で，上記の英語の綴り方で発音をひろった表記を原語表記の代わりに用いている。

　なお，日本語の特徴として，子音は必ず母音を伴って発音されるため，子音だけを表す文字がない。これだけでも諸外国語の発音を片仮名で表すことが不可能であることは明らかである。本書で示してある片仮名による発音は，各言語の大まかな特徴をつかまえてもらうのが本書の狙いであることから，あくまで便宜上記したものであることをご承知おきいただきたい。

　ここで紹介する言語の中には日本語や英語にない音がたくさんあるので，興味をひかれ学ぼうと思われる方は，音声教材で実際の音を聞き，入門書で学んでいただきたい。この本は，各言語の入門書でも辞書でもない。各言語の発音の説明も，ほんの一部を紹介しただけで多くを省略した。発音の英語式ローマ字綴り，片仮名表示はすべて，筆者の耳に聞こえてきたように我流で示すのを基本としたので，必ずしもそれぞれの教科書にある正式な綴り，振り仮名ではないことをお断りしておきたい。

19. 外国語はこんなにたくさん

1 ラトビア語 Latvian

ラトビア語は，ラトビアの公用語で，EU（欧州連合）の公用語としても認められている。ラトビア語を母国語とするネイティブスピーカーはラトビアに120万人，国外には70万人いると言われている。ラトビア語はバルト語派で，同じバルト語派のリトアニア語とは相互に理解可能ではないが，密接に関係している。表記はラテン語。

19. 外国語はこんなにたくさん

挨拶	ラトビア語
Thank you.	Paldies. (パルディエス)
Hi!	Sveiki! (スヴェイキ)
Good morning.	Labrīt. (ラブリト)
Good day.	Labdien. (ラブディエン)
Good evening.	Labvakar. (ラブヴァカル)
Bye.	Atā. (アター)
Hello.	Labdien. (ラブディエン)
How are you?	Kā jums klājas? (カ ユムス クラヤス)
Fine, Thanks.	Labi, Paldies. (ラビ パルディエス)
And you?	Un jums? (ウン ユムス)

数詞			
one	six	viens (ヴィエンス)	seši (セシ)
two	seven	divi (ディヴィ)	septiņi (セプティニ)
three	eight	trīs (トリス)	astoņi (アストニ)
four	nine	četri (チェトリ)	deviņi (デヴィニ)
five	ten	pieci (ピエスィ)	desmit (デスミト)

163

2 リトアニア語　Lithuanian

　リトアニア語は，ラトビアの南に位置するリトアニアの公用語であり，EUの24ある公用語の1つとして認められている。リトアニア語を話す人はリトアニアに320万〜400万人，外国には約20万人いる。同じバルト語派のラトビア語と相互に理解することはできないが，密接な関係がある。

　表記は右の表に示したとおり，ラテン語。

　リトアニア語は，インド・ヨーロッパ祖語（Proto-Indo-European）の多くの特徴を維持しており，最も保守的な生きたインド・ヨーロッパ語と言われている。

リトアニアにある十字架の丘

19. 外国語はこんなにたくさん

リトアニア語

挨拶	
Thank you.	Ačiū. アーチュ
You are welcome.	Ačiū jums. アーチュ ユムス
Good morning.	Labas rytas. ラーバス リータス
Good afternoon.	Laba diena. ラバ ディアナ
Good evening.	Labas vakaras. ラーバス ヴァーカラス
Good night.	Labanaktis. ラバーナクティス
So long.	Viso gero. ヴィーソ ギャロ
How are you?	Kaip jums sekasi? カイプ ユムス シャーカシ
Fine, thank you.	Labai gerai, ačiū. ラバイ ゲレイ アーチュ
Excuse me.	Atsiprašau. アチプラシャウ
Please.	Prašau. プラシャウ
Yes. No.	Taip. Ne. テイプ ネー

数詞

one	vienas (ヴィエナス)	six	šeši (シャーシィ)
two	du (ドゥ)	seven	septyni (セプトゥニ)
three	trys (トリス)	eight	aštuoni (アシュトーニ)
four	keturi (キャトリ)	nine	devyni (デヴィーニ)
five	penki (ペンキ)	ten	dešimt (デシーム)

3 ポーランド語　Polish

　ポーランド語は，ポーランドで主に話されるスラブ語で，ポーランド人の母国語になっている。西スラブ語群のレヒト諸語に属する。ポーランドの人口4000万人の公用語だが，移民として他国に住むポーランド少数民族の約4000万人が世界中で使用している。印刷標準字体はポーランドのアルファベットで，基本のラテン文字に9文字（ą, ć, ę, ł, ń, ó, ś, ź, ż）が加わる。

　前述したとおり，ポーランド分割後，オーストリア，ドイツ，ロシア陣営はポーランド語を抑制したが，質の高いポーランド文学は何世紀にもわたって発展した。

　ポーランド語は，音声言語（発音どおり表記された言語）である。いくつか重要なポイントを挙げてみよう。

1．綴りが異なっても同一の音
　　ó=u，ch=h，ź=rz
2．普通の英語の読みと同じような音
　　（ポ）（英）（ポ）（英）（ポ）（英）（ポ）（英）
　　w=v，j=y，c=ts，ł=w
3．2文字で英語の読みと同じような音
　　rz=s（mea<u>s</u>ure），　sz=sh（mu<u>sh</u>），
　　dz=dg（bri<u>dg</u>e），　cz=ch（ben<u>ch</u>）
4．ポーランド語の単語の間にある"i"は次の英語の単語の"i"と，同じような発音をする。

　　on<u>i</u>on，magnol<u>i</u>a，Georg<u>i</u>a，carr<u>i</u>er

　次の文字は語尾にくると，その後に母音が付いていない

にもかかわらず非常に短い [i] の音が付いた発音をする。

ź, ś, dź, ć, ń　　例：Łodź = [wudgi]（地名）

ちなみに，スラブ系の人々は尊敬の意思表示のため，大人の男同士でも挨拶の時はお互いに抱き合い両方の頰にキスをし合う。

リトアニア大公の娘でユダヤ人のアルドナは，1325年頃にポーランドのカジミェシュ王の妻となった。カジミェシュ王がユダヤ人に寛容だったので，多くのユダヤ人がポーランドへ移住。クラクフのヴァヴェル城の隣には，今でもカジミェシュ街と呼ばれている地区がある。映画『シンドラーのリスト』で見られるように，1939年には住民の100％がユダヤ人だった。シンドラーがナチスの将校と会ったレストラン「Ariel」，シナゴーグ，シンドラーのエナメル工場の建物は未だに存在しているが，ユダヤ人は今はもうそこには一人も居ない。

ポーランドのヴァヴェル大聖堂

挨拶	ポーランド語
Thank you.	Dziękuję ジェンクイエン
You are welcome.	Nie ma za co. ニエ マ ザ ツォ
Good morning.	Dzień dobry. ジェン ドーブリ
Good afternoon.	Dzién dobry. ジェン ドーブリ
Good evening.	Dobry wieczór. ドーブリ ヴィエチェル
Good night.	Dobranoc. ドブラーノツ
So long.	Do widzenia. ド ヴィゼニア
How are you?	Jak się pan masz? ヤク シェン パン マッシュ
Fine, thank you.	Dobrze, dziękuję. ドブジェ ジェンクイエン
Excuse me.	Przepraszam. プシェプラシャム
Please.	Proszę. プロッシェン
Yes. No.	Tak. Nie. タック ニエ

数詞			
one	six	jeden (イエデン)	sześć (シェシチ)
two	seven	dwa (ドゥヴァ)	siedem (シエデム)
three	eight	trzy (チイ)	osiem (オシエム)
four	nine	cztery (チテリ)	dziewięć (ジェヴィエンチ)
five	ten	pięć (ピエンチ)	dziesięć (ジェシェンチ)

4 チェコ語 Czech
5 スロバキア語 Slovak

チェコ語は，1000万人以上が話す西スラブ語で，チェコの公用語だ。ほとんどのチェコ語の話者が同国に住んでおり，スロバキアにおいては少数民族語となっている。スロバキア語とは相互に理解可能で最も親密な関係があり，その次にポーランド語などの他の西スラブ語群，その次にはロシア語などの他のスラブ語群との関係がある。それらの語彙のほとんどは，その他のスラブ語，あるいはインド・ヨーロッパ語群と共有する語根を基本としているが，最近では多くの外来語も取り入れられている。

チェコ語は，すべてのヨーロッパの言語の中でも最も発音に近く表記された言語だ。例えば，以下のチェコ語は，次のような英語の単語の音と同じになる。

a = l<u>u</u>ck
e = s<u>e</u>t
i，y = k<u>i</u>t
o = l<u>o</u>st
u = p<u>u</u>t

文字の上にアクセントか丸がつくと，読み方を伸ばす。

á = f<u>a</u>ther
é = c<u>a</u>re
í，ý = b<u>ee</u>t
ó = c<u>a</u>ll
ú または ů = n<u>oo</u>n

チェコ語の文字の上に読み分け記号がつくと，次のような英語の語と同じ発音をする。

ź = mea<u>s</u>ure

ś = mu<u>sh</u>

ć = ben<u>ch</u>

スロバキア語は，スロバキアの人口の80%，約460万人が話す公用語で，チェコ語と似ているが少し異なる。

		発音			発音
A	a	ア	Ň	ň	ニュ
B	b	ブ	O	o	オ
C	c	ツ	P	p	プ
Č	č	チ	Q	q	ク(ブ)
D	d	ド	R	r	ル
Ď	ď	ジュ	Ř	ř	ジュ
E	e	エ	S	s	ス
Ě	ě	イェ	Š	š	シュ
F	f	フ	T	t	トゥ
G	g	グ	Ť	ť	チ
H	h	フ	U	u	ウ
Ch	ch	フ	V	v	ブ
I	i	イ	W	w	ブ
J	j	イ	X	x	クス
K	k	ク	Y	y	イ
L	l	ル	Z	z	ズ
M	m	ム	Ž	ž	ジ
N	n	ヌ			

チェコ語・スロバキア語のアルファベット

19. 外国語はこんなにたくさん

挨　拶	チェコ語
Thank you.	Děkuji. 〈ジェクイ〉
You are welcome.	To nestoji za rec. 〈ト ネーストイ ザ レツ〉
Good morning.	Dobrý jitro. 〈ドブリー イトロ〉
Good afternoon.	Dobrý den. 〈ドブリー デン〉
Good evening.	Dobrý večer. 〈ドブリー ヴェチェル〉
Good night.	Dobrou noc. 〈ドブロウ ノツ〉
So long.	Na Shledanou. 〈ナ シュレダノウ〉
How are you?	Jak se máte? 〈ヤク セ マーテ〉
Fine, thank you.	Děkuji, dobře. 〈ジェクイ ドブレ〉
Excuse me.	Promiňte. 〈プロミンテ〉
Please.	Prosim. 〈プロシム〉
Yes. No.	Ano. Ne. 〈アノ ネ〉

数　詞			
one	*six*	jeden 〈イエデン〉	šest 〈シエスト〉
two	*seven*	dva 〈ドヴァ〉	sedm 〈セデム〉
three	*eight*	tři 〈チイ〉	osm 〈オスム〉
four	*nine*	čtyři 〈チテイジ〉	devět 〈デヴィエット〉
five	*ten*	pět 〈ピィエット〉	deset 〈デセット〉

挨拶	スロバキア語
Thank you.	Ďakujem. ジャクイエム
You are welcome.	Nemáte za čo. ニエマーチェ ザ チョ
Good morning.	Dobré ráno. ドブレー ラノ
Good afternoon.	Dobrý deň. ドブリー ジェニ
Good evening.	Dobrý večer. ドブリー ヴェチェル
Good night.	Dobrú noc. ドブルー ノツ
So long.	Do videnia. ド ヴィジェニア
How are you?	Ako sa máte? アコ サ マーチェ
Fine, thank you.	Ďakujem dobre. ジャクイエム ドブレ
Excuse me.	Prepáčte. プレパーチチェ
Please.	Prosím. プロスイム
Yes. No.	Áno. Nie. アーノ ニエ

数詞			
one	six	jeden (イエデン)	šesť (シエスチ)
two	seven	dva (ドヴァ)	sedem (セジェム)
three	eight	tri (トリ)	osem (オセム)
four	nine	štyri (シティリ)	deväť (ジェヴェチ)
five	ten	päť (ペチ)	desať (ジェサチ)

19. 外国語はこんなにたくさん

6 セルビア語　Serbian
7 クロアチア語　Croatian

　セルビア語は，主にセルビアで話されていて，ボスニア・ヘルツェゴビナにも話者がいる。セルビアの人口は旧ユーゴスラビアで最大の720万人で，セルビア正教会系が83.3%，ハンガリー人3.5%，ルーマニア人2%，ボスニア・ヘルツェゴビナ出身のムスリム人2%，その他9.2%。

　クロアチア語は，クロアチアで話されている言語。同国の人口は428万5000人，ローマ・カトリック系が90.4%，セルビア・ギリシャ/セルビア正教会系4.4%，その他5.2%と，旧ユーゴスラビアの中では，民族的に最も均質な国家である。

　セルビア語とクロアチア語は，もとは同じ言語である。ユーゴスラビアの分裂前には，セルボ・クロアチア語と呼ばれていた。現在もこの2つの言語はほぼ同じだが，少し発音や単語が違う部分がある。そして，セルビア人は主にキリル文字，クロアチア人は主にローマ字を使う。

　セルビア語とクロアチア語がローマ字で表された場合の綴りの発音は次のとおり。

　　z = zh（"pleasure" の "s"）
　　c = ch（"church" の "ch"）
　　s = sh
　　ds = j

　また，時々，"r" が母音を含んで「リ」と発音されることがある。　例：Trst は Trieste と同じ発音。

セルビア語・クロアチア語

挨拶

English	セルビア語・クロアチア語
Thank you.	Hvala. (フヴァラ)
You are welcome.	Nema zašto. (ネーマ ザストー)
Good morning.	Dobro jutro. (ドブロ ユトロ)
Good afternoon.	Dobar dan. (ドバル ダーン)
Good evening.	Dobro veče. (ドブロ ヴェーチェ)
Good night.	Laku noć. (ラク ノーチ)
So long.	Doviđenja. (ドヴィジェニヤ)
How are you?	Kako ste? (カコ ステ)
Fine, thank you.	Hvala, dobro. (フヴァラ ドブロ)
Excuse me.	Izvinite. (イズヴィニテ)
Please.	Molim. (モーリム)
Yes. No.	Da. Ne. (ダー ネー)

数詞

English	セルビア語・クロアチア語
one	jedan (イエダン)
two	dva (ドヴァ)
three	tri (トリ)
four	četiri (チェティリ)
five	pet (ペート)
six	šest (シエスト)
seven	sedem (セダム)
eight	osam (オサム)
nine	devet (デヴェト)
ten	deset (デセット)

8 スロベニア語　Slovenian

スロベニア語は南スラブ語群で、スロベニアに隣接するオーストリア、イタリアの一部でも使われる。

西暦1000年頃に断片的に書かれたものが残っているが、16世紀に全ヨーロッパで起こった宗教改革の頃、プロテスタント教者が聖書を翻訳したものがスロベニア語文書の始まりとされている。18世紀にカトリック教者が聖書を書きなおしたものが残っており、19世紀頃に統一された文語が確立した。

東方のセルビア語、クロアチア語に近く、7～9世紀頃に分離した言語となった。

スロベニアは人口約200万人で、旧ユーゴスラビアの中で最も豊かな国であり、2004年に EU に加盟した。ハプスブルク帝国時代の影響が色濃く残っており、オーストリアやドイツなどから観光客が数多く訪れている。

		名称	発音
Č	č	チェー	チュ, チ
Š	š	シェー	シュ, シ
Ž	ž	ジェー	ジュ, ジ

**英語のアルファベットに加えて用いられる
スロベニア語独特の文字**

挨拶	スロベニア語
Thank you.	<ruby>Hvala<rt>フヴァラ</rt></ruby>.
You are welcome.	<ruby>Ni za kaj<rt>ニ ザ カイ</rt></ruby>.
Good morning.	<ruby>Dobro jutro<rt>ドブロ ユトロ</rt></ruby>.
Good afternoon.	<ruby>Dober dan<rt>ドベル ダン</rt></ruby>.
Good evening.	<ruby>Dober večer<rt>ドベル ヴェチェル</rt></ruby>.
Good night.	<ruby>Lahko noć<rt>ラフコ ノチ</rt></ruby>.
So long.	<ruby>Na svidenje<rt>ナ スヴィデニエ</rt></ruby>.
How are you?	<ruby>Kako ste?<rt>カコ ステ</rt></ruby>
Fine, thank you.	<ruby>Hvala, dobro<rt>フヴァラ ドブロ</rt></ruby>.
Excuse me.	<ruby>Oprostite<rt>オプロスティーテ</rt></ruby>.
Please.	<ruby>Izvolite<rt>イズヴォリテ</rt></ruby>.
Yes. No.	<ruby>Da. Ne.<rt>ダ ネ</rt></ruby>

数詞			
one	*six*	エン en	シエスト šest
two	*seven*	ドヴァ dva	セデム sedem
three	*eight*	トリ tri	オセム osem
four	*nine*	シティリ štiri	デヴェト devet
five	*ten*	ペト pet	デセト deset

9 モンテネグロ語　Montenegrin

　モンテネグロ語は，主にモンテネグロで話されており，南スラブ語群に属する。

　標準のモンテネグロ語は，セルビア・クロアチア語の方言を基礎としている。モンテネグロで話されている言語は，歴史的にセルビア語と呼ばれていた。だが，セルビア語から分離したモンテネグロ語を標準化するという考えが，セルビア・モンテネグロの連合解消後，モンテネグロの独立支持者によって2000年代に出現した。そして，2007年10月22日に施行された新憲法によって承認され，モンテネグロの公用語となったという経緯がある。

　表記は，ラテン語またはキリル文字である。

人種（民族性）	(%)	宗教
モンテネグロ人	45	正教会系
セルビア人	29	正教会系
ボスニア人	9	イスラム系
アルバニア人	5	混合
ムスリム	3	イスラム系
クロアチア人	1	ローマ・カトリック系
その他	8	混合

モンテネグロに住む民族とその宗教

モンテネグロ語

挨拶

Thank you.	Hvala. (フヴァラ)
You are welcome.	Nema zašto. (ネマ ジャシュト)
Good morning.	Dobro jutro. (ドブロ ユトロ)
Good afternoon.	Dobar dan. (ドバル ダン)
Good evening.	Dobro veče. (ドブロ ヴェヂェ)
Good night.	Laku noć. (ラク ノチ)
So long.	Doviđenja. (ドヴィジェニヤ)
How are you?	Kako ste? (カコ ステ)
Fine, thank you.	Hvala, dobro. (フヴァラ ドブロ)
Excuse me.	Izvinite. (イズヴィニテ)
Please.	Molim. (モリム)
Yes. No.	Da. Ne. (ダ ネ)

数詞

one	jedan (ユェダン)
two	dva (ドゥヴァ)
three	tri (トリ)
four	četiri (チェティリ)
five	pet (ペト)
six	šest (シェスト)
seven	sedam (セダム)
eight	osam (オサム)
nine	devet (デヴェト)
ten	deset (デセト)

19. 外国語はこんなにたくさん

10 アルバニア語　Albanian

　アルバニア語は，主にアルバニア，コソボ，マケドニアで，計約740万人に話されている言語だ。さらに，モンテネグロやセルビアなど，アルバニアの住民がいる南東ヨーロッパの他の地域にも話者がいる。

　アルバニア語を基本とした方言を話すコミュニティは，数世紀にわたって続いており，ギリシャ，南イタリア，シチリア，ウクライナに散在している。現代のディアスポラが招いた結果として，これらの国だけでなく，スカンジナビア半島，スイス，ドイツ，オーストリア，ハンガリー，英国，トルコ，オーストラリア，ニュージーランド，オランダ，シンガポール，ブラジル，カナダ，アメリカ合衆国など，世界の他の多くの地域でもアルバニア語を話す人は存在している。

　現在のアルバニアの宗教は，イスラム系の人々が59%，カトリック系10%，正教会系7%，その他24%という割合で構成されている。

　アルバニア語は，南スラブ語群に属している。会話の例文を次ページに示す。

挨拶	アルバニア語
Thank you.	Faleminderit. (ファレミンデリト)
You are welcome.	Ska gja. (スカジア)
Good morning.	Mirëmëngjesi. (ミラマンジェスイ)
Good day.	Mirë dita. (ミラディタ)
Good evening.	Mirë mbrëma. (ミラムラマ)
Good night.	Natën e mirë. (ナタネミラ)
Good-bye.	Mirupafshim. (ミルパフシム)
How are you?	Si jeni? (スィヨェニ)
I am fine.	Jam mir. (ヤムミル)
Excuse me.	Më falni. (マファルニ)
Please.	Ju lutem. (ユルテム)
Yes. No.	Po. Jo. (ポ ヨ)
You are beautiful.	Ju jeni e bukur. (ユヨェニエブクル)
I love you.	Unë të dua. (ウナタドゥア)

数詞

one	six	një (ニヨェ)	gjashtë (ジャシテ)
two	seven	dy (ディ)	shtatë (シタテ)
three	eight	tre (トレ)	tetë (テテ)
four	nine	katër (カテル)	nëntë (ネンテ)
five	ten	pesë (ペセ)	dhjetë (ジョエテ)

11 マケドニア語　Macedonian

マケドニア語は東南スラブ語群の1つで、言語としてはブルガリア語に最も近い。マケドニアのほかに、同国の国境を越えた地域の少数の人々を含む離散マケドニア人など、約200万人が第一言語として使っている。マケドニアが1991年にユーゴスラビアから独立した時に、公用語に指定された。

マケドニア語は10～11世紀頃から形成が始まり、現代の会話体は1790年以後から記録されている。ブルガリア語と同様、名詞の格による変化はなくなった。

文字は、ロシア語のアルファベットであるキリル文字を使う。アレクサンダー大王が出た頃の古代マケドニア人はギリシャ人に近かったが、現代マケドニア人はスラブ人であり、マケドニア語もスラブ語派に属する。

		筆記体		発音
Ѓ	ѓ	𝒯	𝓲	ギュ、ヂュ
Ќ	ќ	𝒦	ќ	キュ、チュ
Ѕ	ѕ	𝒮	𝓈	ヅ

マケドニア語のアルファベット
ロシア語のキリル文字に加えて、この言語独特の発音を表記するために上の3文字が用いられる。

マケドニア語

挨拶	発音	表記
Thank you.	Blagodaram. (ブラゴダラム)	Благодарам.
You are welcome.	Molam. (モラム)	Молам.
Good morning.	Dobro ootro. (ドブロ ウトロ)	Добро утро.
Good afternoon.	Dobar dyen. (ドバル デン)	Добар ден.
Good evening.	Dobar vecher. (ドバル ヴェチェル)	Добар вечер.
Good night.	Leka nok. (レカ ノキ)	Лека ноќ.
How are you?	Kako stye. (カコ ステ)	Како сте ?
Fine, thank you.	Blagodaram, dobro. (ブラゴダラム ドブロ)	Благодарам, добро.
Excuse me.	Izivinyetye. (イズヴィネテ)	Извинете.
Please.	Povyeletye. (ポヴェレテ)	Повелете.
Yes. No.	Da. Nye. (ダ ネ)	Да. Не.

数詞	発音	表記
one	eden (エデン)	еден
two	dva (ドヴァ)	два
three	tri (トリ)	три
four	chetiri (チェティリ)	четири
five	pet (ペト)	пет
six	chest (シェスト)	шест
seven	sedoom (セドゥム)	седум
eight	osoom (オスム)	осум
nine	devet (デヴェト)	девет
ten	deset (デセト)	десет

12 ブルガリア語　Bulgarian

ブルガリア語は，スラブ語派に属しており，ブルガリアの公用語だ。約680万人が母国語としてブルガリア語を話していると推定される(2011年国勢調査)。

同じ東南スラブ語群であるマケドニア語と密接に関連し，その他の全スラブ語とは異なるいくつかの特徴を持っている。語形変化がなく，末尾に付け加える定冠詞の発達や動詞不定詞の欠如などの変化があるが，スラブ祖語の動詞体系を維持しつつ，さらに発達させている。

ブルガリア語では，例えばアルバニア語，ルーマニア語のように定冠詞が名詞の語尾につく。

　　masa = table
　　masata = the table

また，近代ギリシャ語，アルバニア語，ルーマニア語のように動詞の不定詞が，節になる。

このような文法的変化は，12〜16世紀のビザンチン帝国の時代に起こった。民族言語が混合すると，名詞の格の変化がなくなることは，アングロサクソン人の古代英語と北欧人の北ゲルマン語が混合して格のなくなった英語の変化に似ている。

現代ブルガリア語は19世紀に確立したが，ロシア語，スラブ語の借用語が多い。そのため，20世紀になって国語の純粋さを守る運動が起こり，ブルガリア語におきかえられている。

ブルガリア語

挨拶	発音	表記
Thank you.	Blagodarya. ブラゴダリャ	Благодаря.
You are welcome.	Nyama zashcho. ニャーマ ザシト	Няма защо.
Good morning.	Dobro ootro. ドブロ ウートロ	Добро утро.
Good afternoon.	Dobir den. ドーバル デン	Добър ден.
Good evening.	Dobir vyecher. ドーバル ヴェチェル	Добър вечер.
Good night.	Leka noshch. レカ ノッシ	Лека нощ.
So long.	Dovizhdnye. ドヴィージダネ	Довиждане.
How are you?	Kak stye? カック ステ	Как сте?
Fine, thank you.	Vlagodarya, dobre sim. ヴラゴダリャ ドブレ サム	Благодаря, добре съм.
Excuse me.	Izvinyetye. イズヴィネーテ	Извинете.
Please.	Molya. モーリャ	моля.
Yes. No.	Da. Nye. ダ ネ	Да. Не.

数詞	発音	表記
one	edno エドノ	едно
two	dve ドヴェ	две
three	tri トリ	три
four	chetiri チェティリ	четири
five	pet ペット	пет
six	shest シェスト	шест
seven	sedem セデム	седем
eight	osem オッセム	осем
nine	devet デヴェット	девет
ten	decet デセット	десет

19. 外国語はこんなにたくさん

13 ロシア語　Russian

　ロシア語は東スラブ語群で，ロシア，ベラルーシ，カザフスタン，キルギスの公用語だ。公用語ではないが，ウクライナ，モルドバ，ラトビア，リトアニア，エストニアでも広く話されており，ソ連のかつての構成共和国や東欧圏の元加入国だった他の国々でも話されている。

　ユーラシア大陸で地理的に最も普及した言語であり，ネイティブスピーカーの数においては世界で8番目に，話者の合計数においては5番目に多く話されている言語だ。この言語は，国連の6つの公用語の1つとなっている。

　ロシア語はインド・ヨーロッパ語族に属しており，東スラブ語に健在する3言語の中の1つである。旧東スラブ語で書かれた文書が，10世紀以降に確認されている。

　ちなみにロシアは，中世初期にスカンジナビアからきたバイキングのルス族の国に起源を遡るので，今でもスカンジナビア語では「Russland」と呼ばれている。

　ロシア語は，スラブ言語の中では，最も重要な言語であり，ウクライナ語，ベラルーシ語，ブルガリア語，ポーランド語に近いものがある。その他の言語の中で近いのは，フランス語，スペイン語，次いで英語とされている。

　ロシア語で使うアルファベットは33文字で，英語と同じ文字のものと英語によく似た文字で構成されているが，発音は英語とは異なる。次ページに一覧を記したので参考にしてほしい。

〈発音のポイント〉

ロシア語の アルファベット	発音が似た英語	発音
А а	アクセントがあるときは father の a	ah
	alone の a のようにアクセントがないとき	a
Б б	bun の b	b
В в	vine の v	v
Г г	got の g	g, gh
Д д	da-d の d	d
Е е	yet の ye あるいは met の e	ye, e
Ё ё	yore の yo	yo
Ж ж	pleasure の s	zh
З з	zebra の z	z
И и	meet の ee	i
Й й	toy の y	y
К к	kind の k	k
Л л	middle の l	l
М м	man の m	m
Н н	note の n	n
О о	or の o	o
П п	pin の p	p
Р р	right の r	r
С с	sign の s	s
Т т	torch の t	t
У у	book の oo	oo
Ф ф	fun の f	f
Х х	loch の ch	kh

19. 外国語はこんなにたくさん

ロシア語の アルファベット	発音が似た英語	発音
Ц ц	gets の ts	ts
Ч ч	chair の ch	ch
Ш ш	short の sh	sh
Щ щ	push-chair の sh-ch	shch
Ъ ъ*	強め印	
Ы ы	bill の i	i
Ь ь**	弱め印	'
Э э	end の e	e
Ю ю	you	yoo
Я я	yard の ya	ya

* 強め印自体は発音しない。
  я, e, и, ё, ю のような母音字が続く子音字で終わる接頭辞の後に用いられる。この強め印は，母音の前に来る "y" の音を示す。

**弱め印は子音に軽い "y" の音を加える。
  英語を話せる人は，この弱め印を，cannon の "n" を canyon のようにして軟らかくするものと考えるとよい。
  この印のあるなしは，その語の意味を決定づける。弱め印がないと，полъка（ポルカ）は полка（棚）の意味になる。

ロシア語のアルファベットをキリルと呼ぶ。ギリシャ文字を基本に，音符号はスラブ言語から来ている。ロシア語はいつも1つの単語の1つの音節にアクセントがある。アクセントのない音節はすべて同じ強さで発音する。ロシア語の多くの母音の発音は，その音節にアクセントがある時，違ったように聞こえる。ロシア語は発音どおり綴られる音声言語である。

　私は，高校2年生の時に学び始めた。あまり使用する機会はなかったが，時々病院のスタッフや患者にロシアから亡命してきた人たちがいて，ロシア語で挨拶するとよろこばれる。

　最後に基本的な挨拶文を紹介する。一般にスラブ系の民族は医者でない限り他人の健康状態を問うことはほとんどないので，例文に入れてはあるが，あまり "How are you?" とは言わない。

モスクワにある聖ワシリイ大聖堂

19. 外国語はこんなにたくさん

ロシア語

挨拶	発音	表記
Thank you.	Spasyba. (スパシーバ)	Спаси́бо.
You are welcome.	Pazhalooysta. (パジャールスタ)	Пожалуйста.
Good morning.	Dobroe ootro. (ドブレウトロ)	Дóброе у́тро.
Good afternoon.	Dobry gyen. (ドブリジェン)	Дóбрый дéнь.
Good evening.	Dobry vyecher. (ドブリヴェーチェル)	Дóбрый вечер.
Good night.	Spokoynoy nochi. (スパコイナノーチ)	Споко́йной но́чи.
So long.	Do svidaniya. (ダスヴィダーニャ)	До свида́ния.
How are you?	Kak vi pozhivayetye? (カクヴィパジヴァイエチェ)	Как вы пожива́ете?
Fine, thank you.	Spasibo, kharosho. (スパシーバハラショー)	Спаси́бо, хорошо́.
Excuse me.	Izvinitye. (イズヴィニーチェ)	Извини́те.
Please.	Pozhalooysta. (パジャールスタ)	Пожалуйста.
Yes. No.	Da. Nyet. (ダ. ニエット)	Да. Нéт.

数詞	発音	表記
one	odyn (アジン)	оди́н
two	dva (ドゥヴァ)	два
three	tri (トリ)	три
four	chetire (チェティレ)	четы́ре
five	pyatii (ピャーチ)	пять
six	shestv (シェースチ)	шесть
seven	semv (セーミ)	семь
eight	vosemv (ヴォーセミ)	восемь
nine	dyevyati (ジェーヴャチ)	де́вять
ten	dyesyati (ジェーシャチ)	де́сять

14 ウクライナ語　Ukrainian

　ウクライナ語は東スラブ語群の一つで，ウクライナの公用語だ。表記は，キリル文字の異形を使用している。ネイティブスピーカーは約3000万人いる。ウクライナ語は，下の表に示したように，他言語との共有語彙が多い。中でもベラルーシ語およびロシア語とは，ある程度相互に理解することが可能である。

　ウクライナには，4540万人（クリミアを含む）の人々が住んでおり，そのうちの77.8％が民族性ウクライナ人で，ロシア人は17％と少数派だ。また，ルーマニア，モルダビア，ベラルーシ，クリミア，タタール，ハンガリー人も住んでいる。

　ウクライナの支配宗教は東正教であり，ウクライナの建築，文学，音楽に非常に強い影響を及ぼしている。

ウクライナ語との共有語彙の割合

言語	共有語彙（％）
ベラルーシ語	84
ポーランド語	70
セルビア語	68
スロバキア語	66
ロシア語	62
ハンガリー語	10

19. 外国語はこんなにたくさん

ウクライナ語

挨 拶	発 音	表 記
Thank you.	Dyakooyoo. (ジャクーユ)	Дякую.
You are welcome.	Boodi laska. (ブゥディ ラスカ)	Будь ласка.
Good morning.	Dobrogho rankoo. (ドブロホ ランク)	Дóброго ранку.
Good afternoon.	Dobriy den'. (ドブリィ デニ)	Дóбрий день.
Good evening.	Dobriy vyechir. (ドブリィ ヴェチル)	Дóбрий вечір.
Good night.	Na dobranich. (ナ ドブラーニチ)	На добраніч.
So long.	Do pobachennya. (ド ポバチェンニヤ)	До пóбачення.
How are you?	Yak pozhivabtye? (ヤク パジヴァイェチェ)	Як поживаєте?
Fine, thank you.	Dobre, dyakooyoo. (ドブレ ジャクーユ)	Добре, дякую.
Excuse me.	Vibachtye. (ヴィバチェ)	Вибачте.
Please.	Boodi laska. (ブゥディ ラスカ)	Будь ласка.
Yes. No.	Tak. Ni. (ターク ニー)	Так. Ні.

数 詞	発 音	表 記
one	odin (アジン)	один
two	dva (ドヴァ)	два
three	tri (トゥリ)	три
four	chotiri (ショティリ)	чотири
five	p'yati (プャーチ)	п'ять
six	shisti (システィ)	шість
seven	sim (シム)	сім
eight	visim (ヴィシム)	вісім
nine	dev'yati (デーヴァチ)	дев'ять
ten	desyati (デーシャチ)	десять

15　デンマーク語　Danish

　デンマーク語は，主にデンマークと北部ドイツの南シュレスウィヒで，およそ600万人が話している北ゲルマン語群の一つである。

　また，その他にはノルウェー，スウェーデン，アメリカ合衆国，カナダ，ブラジル，アルゼンチンでも，デンマーク語を話す重要なコミュニティがある。移民による言語の移行で，グリーンランドでは，約15〜20％の人口が家庭語としてデンマーク語を使用している。

　デンマークでは，88％がネイティブのデンマーク人，9％が移民，3％が移民の子供たちだ。ルーテル派が78％，その他は22％。

　主にノルウェー語とスウェーデン語との相互理解性があり，3ヵ国語の何れかを堪能に話す人は，その他の言語も理解する。方言のようなものである。

　他の北ゲルマン語群と同じく，デンマーク語はバイキング時代にスカンジナビアに住んでいたゲルマン人の共通語，古ノルド語に属している。

　発音を見てみよう。
　"ø" は，oe とも綴り，英語の "u"（例：fur）の発音をする。
　例：øst（東）
　"å" は，aa とも綴り，英語の "oh" の発音をする。

例:forår(春)

"æ" は ae とも綴り,英語の "ai"(例:hair)の発音をする。

例:nær(近い)

"d" は,音節の最後に来て,無音。時々,"th" のように発音することもある。

"y" は,唇を丸めて "ee" のような発音をする。

"j" は,英語の "y" のような発音をする。

デンマークは現在,560万人の小さな国家だが,デンマーク王クヌーズは,1016年から1035年まで英国の王でもあった。著名な童話作家ハンス・クリスチャン・アンデルセンが生まれ育った地でもある。

A	a	エ	J	j	ヨィ	T	t	ティ
B	b	ビ	K	k	コ	U	u	ウ
C	c	シ	L	l	エル	V	v	ヴィ
D	d	ディ	M	m	エム	W	w	ダブルヴィ
E	e	イ	N	n	エヌ	X	x	エクス
F	f	エフ	O	o	オ	Y	y	イゥ
G	g	ギ	P	p	ピィ	Z	z	セッツ
H	h	ホ	Q	q	ク	Æ	æ	エ
I	i	イ	R	r	エァ	Ø	ø	エゥ
			S	s	エス	Å	å	オ

デンマーク語のアルファベット

挨拶	デンマーク語
Thank you.	Tak. タック
You are welcome.	Ingen årsag. インゲン オーサイ
Good morning.	God morgen. グ モロン
Good day.	God dag. グ デイ
Good evening.	God aften. グ アフドン
Good night.	God nat. グ ナット
So long.	Farvel. ファーヴェル
How are you?	Hvordan går det? ヴォードン ゴ ダ
Fine, thank you.	Tak, jeg har det godt. タック イエ ハール ダ ゴード
Excuse me.	Undskyld. ウンスクル
Please.	Vær så venlig. ヴァ ソ ヴェンリ
Yes. No.	Ja. Nej. ヤ ナイ

数詞			
one	six	en (エン)	seks (セックス)
two	seven	to (トゥー)	syv (スュー)
three	eight	tre (トレ)	otte (オーテ)
four	nine	fire (フィーア)	ni (ニ)
five	ten	fem (フエム)	ti (ティー)

16 スウェーデン語　Swedish

　スウェーデン語は，主にスウェーデンとフィンランドの一部で，900万人に話されている言語だ。

　デンマーク語と同様に北ゲルマン語群に属しており，バイキング時代にスカンジナビアに住んでいたゲルマン人の共通語，古ノルド語。同じ語群のデンマーク語とノルウェー語との相互理解性がある。

　現在，話者の数では北ゲルマン語群の中で最大となっている。

A	a	アー	P	p	ペー
B	b	ベー	Q	q	キュー
C	c	セー	R	r	エァール
D	d	デー	S	s	エス
E	e	エー	T	t	テー
F	f	エフ	U	u	イゥー
G	g	ゲー	V	v	ヴュー
H	h	ホー	W	w	ドゥッベルトヴュー
I	i	イー	X	x	エックス
J	j	イーィ	Y	y	イュー
K	k	コー	Z	z	セータ
L	l	エル	Å	å	オー
M	m	エム	Ä	ä(ã)	エー
N	n	エン	Ö	ö(õ)	ュァー
O	o	オー（オ）			

スウェーデン語のアルファベット

挨 拶	スウェーデン語
Thank you.	Tack. ﾀｯｸ
You are welcome.	Ingen orsak. ｲﾝｹﾞﾝ ｳｰｿｰｸ
Good morning.	God morgon. ｸﾞ ﾓﾛﾝ
Good day.	God dag. ｸﾞ ﾄﾞｯｸﾞ
Good evening.	God afton. ｸﾞ ｱﾌﾄﾝ
Good night.	God natt. ｸﾞ ﾅｯﾄ
So long.	Adjö. ｱｼﾞｭｰ
How are you?	Hur mår ni? ﾌｰﾙ ﾓｰﾙ ﾆ
Fine, thank you.	Tack, bra. ﾀｯｸ ﾌﾞﾛｰ
Excuse me.	Ursäkta. ｳｰｾｸﾀ
Please.	Var så snäll. ｳﾞｫ ｿ ｽﾈｰﾙ
Yes. No.	Ja. Nej. ﾔ ﾈｲ

数 詞			
one	*six*	ett (ｴｯﾄ)	sex (ｾｸｽ)
two	*seven*	två (ﾄﾋﾞｵｰ)	sju (ｽﾕｰ)
three	*eight*	tre (ﾄﾚ)	åtta (ｵｯﾀ)
four	*nine*	fyra (ﾌｨｰﾗ)	nio (ﾆｰﾖ)
five	*ten*	fem (ﾌｴﾑ)	tio (ﾃｨｰﾖ)

17 ノルウェー語　Norwegian

　ノルウェー語は，北ゲルマン語群で，主にノルウェーで話されている。人口は500万，そのうち約86%がノルウェー人で，その他には，少数民族のサーミ族も1.3%ほど存在してる。

　ノルウェー語は，地域や地方による差は多少あるが，前述したとおり，デンマーク語とスウェーデン語と相互に理解が可能で，関連性がある。

　16世紀から19世紀に，デンマーク語がノルウェーの標準書記言語となった。その結果として，近代の書き言葉としてのノルウェー語の発展は，ナショナリズム，ノルウェーの文学史などと関連して，激しい議論の対象となってきた。

　表記はアルファベットの他，以下の表に示す3種類のノルウェー語特有の文字がある。

		筆記体		発音
Æ	æ	𝒞	æ	エアー
Ø	ø	𝒢	ø	ヨー
Å	å	𝒜	å	オー

**英語のアルファベットに加えて用いられる
ノルウェー語独特の文字**

ノルウェー語の発音の例を以下に示す。

"o" は,英語の "u"(例:fur)の発音をする。
"å" は,英語の "oh" の発音をする。
"ae" は,英語の "ai"(例:hair)の発音をする。
"d" は,音節の最後にあり,無音。
"u" は,英語の "ee" を唇を丸めるように発音する。
"j" は,英語の "y"(例:yet)の発音をする。
"y" は,英語の "ee" の発音をする。

余談だが,ノルウェーは北海から石油が産出されるため,豊かな国だ。国民の平均所得はとても高い水準だが,社会プログラムを支援するため,国民には非常に高い税金が課せられている。

ノルウェーのソグネ・フィヨルド

19. 外国語はこんなにたくさん

挨拶	ノルウェー語
Thank you.	Takk.〔タック〕
You are welcome.	Ingen årsak.〔インゲン オーサク〕
Good morning.	God morgen.〔グ モロン〕
Good afternoon.	God dag.〔グ ダー〕
Good evening.	God aften.〔グ アフテン〕
Good night.	God natt.〔グ ナット〕
So long.	Adjø.〔アジュー〕
How are you?	Hvordan går det?〔ウォードン ゴール デット〕
Fine, thank you.	Takk, utmerket.〔タック ウートメルケット〕
Excuse me.	Unnskyld.〔ウンシュル〕
Please.	Vær så vennlig.〔ヴェア ソ ヴェンリ〕
Yes. No.	Ja. Nei.〔ヤ ナイ〕

数詞			
one	six	en〔エン〕	seks〔セクス〕
two	seven	to〔ト〕	sju〔スュー〕
three	eight	tre〔トレ〕	åtte〔オッテ〕
four	nine	fire〔フィア〕	ni〔ニー〕
five	ten	fem〔フェム〕	ti〔ティ〕

18 アイスランド語　Icelandic

アイスランド語は，北ゲルマン語群で，アイスランドの公用語である。歴史的には，アメリカによる植民地化以前の，極西のインド・ヨーロッパ語だった。

文法・語彙・綴りにおいて，アイスランド語は非常に保守的で，単語の3つの性，4つの格，語尾変化が昔どおり残っており，複雑な代名詞・動詞の変化がある。生きた化石言語とも呼ばれている。発音は昔から比べるとかなり変化しているが，現代のアイスランド人は中世に書かれた詩でも容易に読むことができる。

ケルト語，ラテン語，ロマンス語，さらに特にデンマーク語の影響を強く受けているが，19世紀に言語の純化運動が起こり，学術的な用語ではアイスランド語化されているものが多い。

Á	á	アウー	Ú	ú	ウー
Ð	ð	エーズ	Ý	ý	イユウフシロニー
É	é	イエー	Þ	þ	ポドン
Í	í	イー	Æ	æ	アイー
Ó	ó	オウー	Ö	ö	エウー

**英語のアルファベットに加えて用いられる
アイスランド語の文字**

19. 外国語はこんなにたくさん

挨　拶	アイスランド語
Thank you.	Þakka þér. (サッカ セル)
You are welcome.	Gerđu svo vel. (ゲル ソー ヴェル)
Good morning.	Góđan daginn. (ゴーオン ダイン)
Good afternoon.	Góđan daginn. (ゴーオン ダイン)
Good evening.	Gott kvöld. (ゴット クヴェルト)
Good night.	Góđa nótt. (ゴーダ ノット)
So long.	Bless. (ブレス)
How are you?	Hvernig hefurđu þađ? (クヴェルトニク ヘーフェル サ)
Fine, thank you.	Bara 'agætt. (バラ アウゲット)
Excuse me.	Afsakiđ. (アフサキット)
Please.	Viltu gera svo vel. (ヴィルト ゲラ ゾー ヴェル)
Yes. No.	Já. Nei. (ヤウ ネイ)

数　詞			
one	six	einn (エット)	sex (セクス)
two	seven	tveir (トヴェル)	sjö (スユー)
three	eight	þrír (スリール)	átta (アッタ)
four	nine	fjorir (フィヨレル)	níu (ニウ)
five	ten	fimm (フィム)	tíu (ティウ)

19 英語 English

英語は、ヨーロッパや英語圏におけるビジネス、科学、観光での共通語であり、国際語だ。

最新の統計ではおよそ4億3000万の人々が、英語を第一言語としていると推定される。ネイティブスピーカーの数では、現在、北京語（中国語の標準語）に続いて世界で2番目に話者が多い言語だ。

中国語族がそれぞれ「言語」として分類されるか「方言」として分類されるかによっては中国語は2番目となるかもしれず、ネイティブ以外の人々も合わせると、英語は世界で最も広く話されている。識字能力や精通度の定義や測定法によってもばらつきは大きいが、少なくとも4億7000万人、多く見積もると世界中に10億人以上の話者がいると考えられる。

フィリピン、ジャマイカ、ナイジェリアなどの諸国には、英語を基盤としたクレオール語などの方言を含めると何百万人ものネイティブスピーカーがおり、これらの国々では、英語は第二言語として話されている。とくにインドにはそのような話者が多く存在する。言語学者のデビド・クリスタル教授によると、ネイティブと非ネイティブスピーカーを合わせると、インドでは世界のどの国よりも、英語を話し理解する人々の数が多いという。

また前述したように、ビジネスの世界で生き抜くために、クロアチアでは、幼稚園で英語を学び始める。

19. 外国語はこんなにたくさん

ニューヨークのマンハッタン

英語圏で英語を第一言語とする人口とその割合

国	人口（百万）	相対的割合（％）
米国	192.0	67.9
英国	61.0	14.0
カナダ	18.2	6.7
オーストラリア	15.5	4.2
ナイジェリア	4.0	0.9
アイルランド	3.8	0.9
南アフリカ	3.7	0.9
ニュージーランド	3.6	0.9
その他	14.4	3.6
合計	316.2	100.0

『National Geographic Atlas of the World 9th edition, 2011』などを基に作成

挨拶	英語
ありがとう。	Thank you.
どういたしまして。	You are welcome.
おはようございます。	Good morning.
こんにちは。	Good afternoon.
こんばんは。	Good evening.
おやすみなさい。	Good night.
さようなら。	Good-bye.(or So long.)
ごきげんいかがですか？	How are you?
ありがとう，元気です。	Fine, thank you.
すみません。	Excuse me.
どうぞ。	Please.
はい。いいえ。	Yes. No.

数 詞			
1	6	one	six
2	7	two	seven
3	8	three	eight
4	9	four	nine
5	10	five	ten

20 ドイツ語　German

　ドイツ語はドイツの公用語で，オーストリアとスイスの一部でも公用語となっている。また，オランダ語やフランス語と同様に，ベルギーの3つの公用語の1つでもある。ベルギーにおけるドイツ語の話者は，主に東ベルギーのドイツ語を話す共同体地区内に集中しており，その人数はベルギーの人口の約1％に相当する。

　ヨーロッパのその他の地域では，北イタリア（チロル地方南部や他県のいくつかの自治体），フランス領のアルザス・ロレーヌ，デンマークの南ユトランドの国境付近の村々に見られる。

　私の知り合いのアルザス・ロレーヌ出身の女性は，普段はドイツ語を話しているが，フランス領になったりドイツ領になったりしていたため，彼女の母親はフランス語を，祖母はドイツ語を話していたという。

第一言語としてドイツ語を話す人の各国における割合

国	％
ドイツ	95
オーストリア	89
スイス	65
ルクセンブルク	>50
リヒテンシュタイン	>50

下に示したのは，ヨーロッパ以外にいるドイツ人の移民人口である。アメリカにはドイツからの移民が多く，白人アメリカ人はドイツ語由来の名前を持つ人々が主流だが，そうした若い人々の中には，自分の苗字の由来やその意味さえ知らない人もいるという。

ヨーロッパ圏外のドイツ系移民人口

国	ドイツ系移民人口
米国	500万人
ブラジル	140万人
カナダ	45万人
アルゼンチン	25万人
メキシコ	20万人
オーストラリア	11万人
南アフリカ	7万5000人
チリ	5万人
パラグアイ	3万人
ナミビア	3万人
ニュージーランド	3万7500人
ベネズエラ	1万人
ペルー	7600人
合計	765万100人

　発音は地方によって，多少異なる。ドイツ語は音声言語（発音どおり表記された言語）で，書き記した表記と読み方が同じになる。ただし，下記に記すような規則がある。
　"w"は，英語の"v"の発音と同じ。
　"v"は，英語の"f"の発音と同じ。
　"j"は，英語の"y"の発音と同じ。

19. 外国語はこんなにたくさん

"st"（単語の最初にくる）は，英語の"sht"の発音と同じ。

"sp"（単語の最初にくる）は，英語の"shp"の発音と同じ。

"s"（単語の中にくる）は，英語の"z"の発音と同じ。

"z" は，英語の "ts" の発音と同じ。

"ch" は，のどを使った，強い「ハ」の音。ただし "ich" と "ach" で少し音が異なる。

また，"ä"，"ö"，"ü" のように上につく音声の符号の点は，ウムラウトと呼び，これがつくと発音が変わる。

"ö" の発音は，口は「オー」の形をし，舌は「エ」の位置にする。フランス語の œ と同じ音。

"ü" の発音は，口は「ウ」の形をし，舌は「イ」の位置にする。フランス語の y と同じ音。

"eu" は「オイ」と発音する。

名詞は文の中でも全て大文字で書き始める。

ドイツ語の言葉の中で，特に日本人である私たちに親しみのあるものを挙げてみよう。

"Arbeit"（仕事：アルバイト）

"Allergie"（アレルギー）

"Kollagen"（コラーゲン）

"Hamburger"（ハンバーガー）

挨拶	ドイツ語
Thank you.	Danke. (ダンケ)
You are welcome.	Bitte. (ビッテ)
Good morning.	Guten Morgen. (グーテン モルゲン)
Good afternoon.	Guten Tag. (グーテン ターク)
Good evening.	Guten Abend. (グーテン アーベント)
Good night.	Gute Nacht. (グーテ ナハト)
So long.	Auf Wiedersehen. (アウフ ヴィーダーゼーエン)
How are you?	Wie geht es Ihnen? (ヴィー ゲート エス イーネン)
Fine, thank you.	Danke, es geht mir gut. (ダンケ エス ゲート ミア グート)
Excuse me.	Entschuldigen Sie. (エントシュルディゲン ズィー)
Please.	Bitte. (ビッテ)
Yes. No.	Ja. Nein. (ヤー ナイン)

数詞			
one	*six*	eins (アイン)	sechs (ゼックス)
two	*seven*	zwei (ツヴァイ)	sieben (ジーベン)
three	*eight*	drei (ドライ)	acht (アハト)
four	*nine*	vier (フィア)	neun (ノイン)
five	*ten*	fünf (フュンフ)	zehn (ツェン)

21 オランダ語　Dutch

オランダ語は，西ゲルマン語群に属し，オランダ，ならびにベルギー（人口の約60％）と南米にあるスリナムの母国語である。オランダ語を話す人のほとんどが，EU諸国に住んでおり，第一言語として話す人は2300万人，第二言語として話す人はさらに500万人いる。

発音の特徴は，下記のとおり。

"a" は，英語の "ah" のように発音する。

"auw" と "ouw" は，英語の "ow" のように発音する。

"e" は，単語によって，英語の "uh"，"ay"，"eh" のように発音する。

"g" は，のどを強く使って英語の"g"のように発音する。

"ij" は，英語の "eye" のように発音する。

"o" は，英語の "aw" のように発音する。

"oe" は，英語の "oo" のように発音する。

"oo" は，英語の "o" のように発音する。

"sch" は，単語の初めにきて母音が後に続く時，英語の "sg" のような発音をする。

"sch" の後に子音が続く時，または単語の最後につく時，英語の "s" のような発音をする。

オランダ語で，英語の原形として，すでに親しまれている単語には，"papier"（紙），"boak"（本），"waggon"（ワゴン）などがある。

オランダ語から派生した言語に，アフリカーンス語というものがある。南アフリカにおけるオランダ語の方言で，南アフリカおよびナミビアで合計1500万人から2300万人が話している。オランダ語とは部分的に相互理解が可能な娘語だ。

　話はそれるが，オランダの首都アムステルダムでは，家のファサード（正面部分）に様々な形とスタイルがある。その昔，ほとんどの人々は読み書きができず家の住所や通りの番号を読めなかったため，自分の家を区別するためのものだったのだ。

A	a	アー	O	o	オー
B	b	ベー	P	p	ペー
C	c	セー	Q	q	キュー
D	d	デー	R	r	エル
E	e	エー	S	s	エス
F	f	エフ	T	t	テー
G	g	ヘー	U	u	イュー
H	h	ハー	V	v	ヴェー
I	i	イー	W	w	ウェー
J	j	イェー	X	x	イクス
K	k	カー	Y	y	イグレック
L	l	エル			イプスィロン
M	m	エム	Z	z	ゼット
N	n	エン	IJ	ij	エイ

オランダ語のアルファベット

19. 外国語はこんなにたくさん

オランダ語

挨拶	
Thank you.	Dank u. <small>ダンクユ</small>
You are welcome.	Geen Dank. <small>ヘーン ダンク</small>
Good morning.	Goede morgen. <small>フーテ モルヘン</small>
Good afternoon.	Goede middag. <small>フーテ ミッターフ</small>
Good evening.	Goede navond. <small>フーテ ナーフオント</small>
Good night.	Goede nacht. <small>フーテ ナハト</small>
So long.	Tot ziens. <small>トット ツインス</small>
How are you?	Hoe gaat het met u? <small>フー ハート ヘト メト ユ</small>
Fine, thank you.	Dank u, Ik voel me goed. <small>ダンクユ イク フール メ フート</small>
Excuse me.	Pardon. <small>パルドーン</small>
Please.	Alstublieft. <small>アルストゥブリーフト</small>
Yes. No.	Ja. Nee. <small>ヤー ネー</small>

数詞

one	*six*	een <small>エーン</small>	zes <small>ゼス</small>
two	*seven*	twee <small>トゥヴェー</small>	zeven <small>ゼーフェン</small>
three	*eight*	drie <small>ドリー</small>	acht <small>アハト</small>
four	*nine*	vier <small>フィール</small>	negen <small>ネーヘン</small>
five	*ten*	vijf <small>フィユフ</small>	tien <small>ティーン</small>

22 フラマン語　Flemish

　ベルギーの人口は1100万人で，3つの公用語がある。話し手の数が多いものから順に，オランダ語59％，フランス語40％，ドイツ語1％。オランダ語の中でも，ベルギーなまりの方言とも言えるのがフラマン語である。ベルギー西部のフランドル地方で話されている。

　超リベラルな社会政策に伴い，アラビア人移民がベルギーの大都市の住民の25％を占める。彼らの高い出生率により，アラビア人の人口は20年後には50％となると予想されている。同じ傾向がフランスとオランダにも見られる。

　ベルギーのアントワープという都市ではフラマン語が話されているが，同地のことをアントウェルペンと呼ぶ。この地名は，川岸の船から通行料を集めていた悪の巨人が，通行料の支払いに応じない者の手を切り取って投げ捨てたという伝説から来ている（Ant＝手，werpen＝投げる）。

　ちなみに，ベルギー北西部のブルージュには，ヴェニスのような運河が数多くある。また，同地を舞台にした映画『イン・ブルージュ』（邦題『ヒットマンズ・レクイエム』）に描かれている1812年に起きた英国とアメリカの戦争後のヘント協定（ガン条約）は，ヘントの町で1814年のクリスマスイブに締結された。だが，この情報はその後2週間もアメリカに届かなかったため戦いは続き，兵士アンドリュー・ジャクソンはその間に5000人ものイギリス人を殺害したという。

19. 外国語はこんなにたくさん

挨　拶	フラマン語
Thank You.	Dank u. ダンクユ
You are welcome.	Geen Dank. ゲーン ダンク
Good morning.	Goede morgen. ゴーデ モルゲン
Good afternoon.	Goede middag. ゴーデ ミッタク
Good evening.	Goede navond. ゴーデ ナヴォント
Good night.	Goede nacht. ゴーデ ナハト
So long.	Tot ziens. トット ヅンス
How are you?	Hoe gaat het met u? ホェ ガト ヘト メト ユ
Fine.	Ik voel me goed. イク ホル メ ゴート
Excuse me.	Pardon. パードン
Please.	Alstublieft. アルストブリーフト
Yes. No.	Ja. Nee. ヤ ネ

数　詞			
one	*six*	een (エーン)	zes (ゼス)
two	*seven*	twee (トヴェ)	zeven (ゼヴェン)
three	*eight*	drie (ドリ)	acht (アハト)
four	*nine*	vier (フィア)	negen (ネゲン)
five	*ten*	vijf (フィフ)	tien (ティン)

23 イディッシュ語　Yiddish

　イディッシュ語は，ドイツ語にヘブライ語とスラブ語が混じったもので，中欧・東欧系ユダヤ人（アシュケナージ）の歴史ある言語である。この言語は，中央ヨーロッパの9世紀に始まり，ゲルマン語に基づく広範囲に及ぶ語彙を持つアシュケナージ共同体が使った。

　イディッシュ語はヘブライ文字に基づき，子音のみで記述される場合がある。イディッシュはユダヤ人という意味を持つ。

　世界中の数多くの正統派ユダヤ教共同体で使用され，家，学校そしてハシド派間の数多くの社会環境における第一言語である。話者は，150万人程度。

　ニューヨークのユダヤ人コミュニティでは，多くのコメディアンがイディッシュ語で表現します。イディッシュ語は，リトアニアのイェシバー（教学院）の伝統によると，タルムード（モーゼが伝えた「口伝律法」を収めた聖典）の研究の学術的言語でもある。

　217ページの表にあげた挨拶表現に少し加えると，"Thank you very much." は "A sheynem dank."

　また "How are you ?" は "Vos makht ir ?" という言い方もあり，それに対して，"Fine, thank you." に相当する答え方としては，"Danken got, zeyer gut." あるいは "Borukh hashem." という言い方もある。

19. 外国語はこんなにたくさん

"Please." は "Zayt azoy gut." という言い方もある。

"Bei mir bist du shön" という歌があるが,これを聴くとドイツ語に似ているように感じるが,イディッシュ語で歌われる。

ヘブライ文字は右から左に書く。

	名称	発音		名称	発音
א	shtumer alef	なし	כ	khof	kh
אַ	pasekh alef	a	מ	mem	m
אָ	komets alef	o	נ	nun	n
ב	beyz	b	ס	samekh	s
בֿ	veyz	v	ע	ayin	e
ג	giml	g	פ	pey	p
ד	daled	d	פֿ	fey	f
ה	hey	h	צ	tsadik	ts
ו	vov	v	ק	kuf	k
ז	zayen	z	ר	reysh	r
ח	khes	kh	ש	shin	sh
ט	tes	t	שׂ	sin	s
י	yud	i, y	ת	tof	t
כּ	kof	k	ת	sof	s

この他,語尾にきた時だけ使われる特別の形(尾字形)があるが,ここでは省略。

イディッシュ語のアルファベット (アルフベート)

〈発音のしかたの例〉

文字または連結文字	発音記号	注意点
מ	[m]	
ם	[m]	次に続く語がある単語の語尾にある場合
נ	[n]	
ן	[n]	次に続く語がある単語の語尾にある場合
ס	[s]	
ע	[ɛ]	"bet" の "e" と同じ発音
פּ	[p]	
פ	[f]	
ף	[f]	次に続く語がある単語の語尾にある場合
צ	[ts]	
ץ	[ts]	次に続く語がある単語の語尾にある場合
ק	[k]	
ר	[r]	舌の先か口蓋垂を振動させて発音する
שׁ	[sh]	"shoot" の "sh" と同じような音
שׂ	[s]	
תּ	[t]	
ת	[s]	

19. 外国語はこんなにたくさん

イディッシュ語

挨拶	発音	表記
Thank you.	A dank. ア ダンク	אַ דאַנק
You are welcome.	Nishto far vos. ニシト ファアヴォス	נישטאָ פאַרוואָס
Good morning.	Gut morgn. グト モルグン	גוט־מאָרגן
Good afternoon.	A gut morgn. ア グト モルグン	אַ גוט מאָרגן
Good evening.	Gutn ovnt. グトンオヴント	גוטן־אָוונט
Good night.	A gute nakht. ア グーテ ナハト	אַ גוטע נאַכט
How are you?	Vos makhstu? ヴォス マハスツ	וואָס מאַכסטו?
Fine, thank you.	Fayn a dank. フェイン ア ダンク	פֿיין, אַ דאַנק
Excuse me.	Antshuldik(t) mir. アントシュルディク ミル	אַנטשולדיק(ט) מיר
Please.	Zay azoy gut. ゼイ アゾイグート	זײַ אַזוי גוט
Yes. No.	Yo. Neyn. ヨ ナイン	יאָ ניין

数詞	発音	表記
one	eynts アインツ	איין/איינס
two	tsvey ツヴェイ	צוויי
three	dray ドライ	דרײַ
four	fir フィル	פיר
five	finf フィンフ	פינף
six	zeks ゼックス	זעקס
seven	zibn ズィブン	זיבן
eight	akht アハト	אַכט
nine	nayn ネイン	נײַן
ten	tsen ツェン	צען

24 アイルランド語　Irish

　アイルランド語はゲール語とも呼ばれ、インド・ヨーロッパ語族で、アイルランドの人々が歴史上使っていた言語である。

　歴史の記録によると、アイルランド人の最も重要な言語だった。特にスコットランドやマン島など他の諸国へと伝わっていき、そこで、アイルランド語から派生してスコットランド・ゲール語やマン島語が生まれた。

　前述したとおり、アイルランドにおける英語の地位が上がったことが、アイルランド語に影響を及ぼした。エリザベス朝の役人は、アイルランドでのアイルランド語の使用が、英国の存在に対して脅威となるとし、使用は好ましくないとした。

　英国によるアイルランドへの支配方針は徹底したもので、アイルランド語の使用も、子供たちへのアイルランド語の名付けも許さず、街の通りの名前は英語へ変更させた。彼らはカトリック教会を破壊し、司祭たちを殺害。17世紀における英国支配によって、アイルランド語の使用は減り始めた。

　1845〜1849年の大飢饉の後には、移民や死亡者の増加により、話者の数は激減する。この期間の事情は、英国とアイルランドの両政府の協力で製作された映画『ハンギング・ゲイル』に詳しく描かれている。

　カナダのニューファンドランド島では、20世紀初めまで

19. 外国語はこんなにたくさん

アイルランド語が話されており、その言語は「ニューファンドランド・アイリッシュ」として知られている。

アイルランド語のアルファベットはゲール文字とも呼ばれ、以下の表に示したとおり、英語のアルファベットから8文字（j, k, q, v, w, x, y, z）を除いた18文字である。

また、アイルランド語には2つの重要な読み分け符号が

ゲール文字		ローマ文字		ゲール文字		ローマ文字	
A	a	a	エイ	l	l	l	エル
b	b	b	ビー	m	m	m	エム
c	c	c	シー	n	n	n	エヌ
o	o	d	ディー	o	o	o	オー
e	e	e	イー	p	p	p	ピー
f	f	f	エフ	r	r	r	アール
s	s	g	ジー	s	s	s	エス
h	h	h	エイチ	t	t	t	ティー
i	i	i	アイ	u	u	u	ユー

ゲール文字（18字）

ある。1つは，気音または弱く発音する子音（有声無声有気音）の上に付く点 "˙"（séimhiú：シャイブー）である。この点はローマ字表記の前のゲール文字の上に付けていたものだが，ローマ字の上に点を打つのは不自然なので，現代表記では "h" を綴ることで点に代える。もう1つは，母音の上にくるアクセント記号のような "´" 印（fada：フォダ）で，こちらは発音の時に音を長く伸ばすようにするものである。

次のページの表の挨拶を補足すると，英語で "Happy New Year !" などと言われた時に返す言葉としての "The same to you."（あなたも）に相当するアイルランド語は，"Go mba hé dhuit." である。私の元の診療所のドアマンがアイルランド人で，彼にも言葉を時々教えてもらった。

バレン高原にある巨人のテーブル

19. 外国語はこんなにたくさん

アイルランド語

挨拶	
Thank you.	Go raibh maith agat. グー ロー モー ウグト
You are welcome.	Tá fáilte romhat. ソ フォールチェ ロア ト
Good morning.	Dia dhuit ar maidin. ジェア グウィチ エル モ ジン
Good afternoon.	Dia dhuit tráthnóna. ジェア グウィチ トロノーナ
Good evening.	Dia honna dhuit. ジェア ホ ナ グヴィチ
Good night.	Oíche mhaith dhuit. イーハ ウォー グヴィチ
Good-bye.	Slán leat.（送る人が言う） スローン ラート Slán agat.（帰る人が言う） スローン ヴグト
How are you?	Cé'n chaoi bhfuil tú? ケイン スウエー ウイ ル トウ Conas tá tú? ク ヌス ソートゥー
I am well, thank you.	Tá mé go maith, ソー メイグー モー go raibh maith agat. グー ロー モー ウグト
Excuse me.	Gabh mo leithscéal. ゴー ムー レシュケイル
Please.	Le d' thoil. レ ド ヘル
Yes. No.	Sea. Níhea. シア ニーア

数 詞			
one	six	a h-aon アヘイン	a sé ア シェイ
two	seven	a dó アドゥ	a seacht ア シオクト
three	eight	a trí アトレ	a ho-ôcht ア フフト
four	nine	a ceathair ア ケーア	a naoi ア ネー
five	ten	a cúig ア クーイグ	a deich ア ジェー

25 ラテン語　Latin

　古代ローマ共和国の時代，ローマ人の上流階層はラテン語を，貴族たちはギリシャ語を話していた。ギリシャ語は，上流階層と知識人たちの言語であった。ラテン語は，先住民族エトルリア人の方言をローマ人が取り入れたものだ。現在，エトルリア人の芸術と文化はなくなったが，エトルリア人は中心的なローマ市民といえる。

　いまではラテン語を日常の話し言葉に使う人はいないが，ラテン語の歴史は古く，紀元前のイタリアにさかのぼることができる。当時，イタリアには多くの言語があり，ラテン語はラティウムという一都市の言語だった。ローマ帝国の始まりと共に，ローマに程近いラティウムの言語が公用語となり，やがてラテン語は2000万人以上の人々が話す言語として普及していった。ジュリアス・シーザーからローマの最初の皇帝アウグストゥスの手によって築き上げられたローマ帝国の繁栄と同じく，ラテン語は，たちまちイタリア全土に広がり，最終的には地中海地域に広がっていった。

　ラテン語の古い記録は，紀元前50年くらいのものが主で，政治家であり著述家でもあるキケロや詩人ウェルギリウスの残したものがそうである。彼らの世代を「ラテン文学の黄金時代」と呼んでいる。

　5世紀に入り，この巨大な帝国はゲルマン人の侵入などによって崩壊し始めた。ラテン語はローマ帝国滅亡後も引

19. 外国語はこんなにたくさん

き続き使われたが、ラテン語が母体となった地方語、今日のロマンス語と呼ばれているスペイン語、フランス語、イタリア語、ポルトガル語、ルーマニア語などが育ってきた。英語はロマンス語ではないが、全体の約60％の単語はラテン語に由来する。

紀元前55年にジュリアス・シーザーが初めてブリタニア島に渡って以来、ラテン語が英語に影響を与え始めた。ローマ人は西暦43年から410年までブリタニアに居つづけた。1066年にノルマン人がイギリスを征服してから約200年間、ノルマン人のフランス語が英国の公用語となり、公式文書はフランス語の単語と英語の単語を前後に並べて書かれていた。

中世からルネサンスにかけて、ヨーロッパの教会、大学ではラテン語が使われていたので、今でも多くの学問——科学・法律・医学用語は、ほとんどラテン語またはラテン語由来の言葉で占められている。このことからしても、現代でも非常に重要な言葉といえる。

ラテン語の知識なしには法律、医学は学べない。

ラテン語は名詞に性があり、格の変化があり、動詞の活用はだいたい規則的で一度覚えると正確でわかりやすい。

私は医学部時代に、解剖名をラテン語、ドイツ語で学ばなければならない必要性もあって、ラテン語の勉強を始めた。また病名はギリシャ語源の言葉が多いので、古典ギリシャ語も医学部時代に学んだ。

ラテン語由来の英語の単語は、日本語のやまと言葉に対する漢語みたいなもので、英語の文章を書くときにも文体

を整えるためにラテン語の知識が非常に役立つ。また，英語の単語の意味を語源にさかのぼって理解する上でも，ラテン語の知識はとても有用だ。

米国独立宣言を起草したトーマス・ジェファーソン（Thomas Jefferson）は6ヵ国語に精通していた人で，世界中に宣言する宣言書の起草の大役を押しつけられた。彼の英語の格調の高さも，外国語に精通していたことが1つの要因であるだろう。外国語を大量に輸入しつつ成長していった英語を深く理解し，良い英語で話したり書いたりするためには，ラテン語をはじめ，イタリア語，スペイン語，ポルトガル語，フランス語など多くの外国語を学ぶ必要があるとも言える。

英語	ラテン語	派生した英語
one	ūnus	union
two	dou	duo
three	trēs	triumvirate
four	quattuor	quatrain
five	quinque	quinquennium
six	sex	sexennial
seven	septem	September
eight	octo	October
nine	novem	November
ten	decem	December

英語とラテン語との関係

19. 外国語はこんなにたくさん

挨 拶	ラテン語
Thank you.	Grātiās tibi agō. (グラティアス ティビ アゴ)
You are welcome.	Aufer mihi ista. (アウフェル ミヒ イスタ)
Good morning.	Salvus sis. (サルウス シス)
Good afternoon.	Salvus sis. (サルウス シス)
Good evening.	Salvus sis. (サルウス シス)
Good night.	Mollĭter cubes. (モリテル クベス)
Good-bye.	Valē. (ウァレ)
How are you?	Valesne? (ウァレスネ)
Fine, thank you.	Benigne, contentus sum. (ベニグネ コンテントゥス スム)
Excuse me.	Da mihi. (ダ ミヒ)
Please.	Sī vīs (or) Sī placet (or) Amābō. (シ ウィス) (シ プラケット) (アマボ)
Yes.　No.	Sānē (or) Sīc.　Nōn. (サネ) (シク) (ノン)

数 詞		
one	six	ūnus (ウヌス)　sex (セックス)
two	seven	duo (ドゥオ)　septem (セプテム)
three	eight	trēs (トレス)　octo (オクト)
four	nine	quattuor (クァトゥオル)　novem (ノウェム)
five	ten	quinque (クインクェ)　decem (デケム)

26 イタリア語　Italian

　EUの統計によると，イタリア語はEUの6400万人（EUの人口の13％）が母語として，また1400万（同3％）の人々が第二言語として話している。EU以外の国でイタリア語を話す人々を含むと，その合計は約7800万人になると推定される。

　イタリア語はラテン語から枝分かれしており，語彙という観点からラテン語に一番近い言語だ。ほとんどのロマンス諸語と同じように，アクセントが特徴的である。

　ローマ帝国の壊滅後，イタリアの主要都市は自身の貿易と文化を発展させた。フィレンツェは，主要金融センターとなった。メディチ家（Médici：最初の音節にアクセント）は，重要な名家となる。医者（medíci：第2音節にアクセント）だったブッチ兄弟から始まり，レオナルド・ダ・ビンチ，ミケランジェロ等を支援する芸術，科学，教育の賛同者として力強い一家を設立した。

　ちなみに，ダ・ビンチはフィレンツェの重要な著名人貴族の側室であるアラビア人の母から生まれた非嫡出子だった。

　イタリアは，19世紀後半から1960年代まで大量移民の国だった。1898年から1914年の間，イタリアのディアスポラは全盛期であり，約75万人のイタリア人が毎年移動していた。このディアスポラには，2500万人のイタリア人が関わり，近代で最大の大量移民だと考えられている。その結

19. 外国語はこんなにたくさん

果, 4100万人のイタリア生まれの人々が海外へ出て, 少なくとも6000万人の生粋のイタリア人またはイタリア系の人々がイタリアの外へ出た。とりわけ, アルゼンチン, ブラジル, ウルグアイ, ベネズエラ, アメリカ合衆国, カナダ, オーストラリア, フランスといった国々へ移り住んでいる。

イタリア語は, 世界の中でも, 美しく, メロディのある言語とされており, 音楽やオペラの分野でもよく知られている。

以下に, イタリア語の発音で重要なポイントをあげてみよう。

"a", "e", "i", "o", "u" は, 英語の "ah", "eh", "ee", "oh", "oo" と発音する。

"r" は舌を巻いて発音する。

すべての文字は, "h" を除いて発音する。すなわち "h" はいつも発音しない。

"ci", "ce" の場合, 英語の "ch" の発音をする。

"ca", "co", "cu", "ch" が他の文字と組み合わさる時, 英語の "k" (Kansas) の発音をする。

"ge", "gi" は英語の "g" (gem) のような発音をする。

"gh" は, 英語の "gh" (spaghetti) のように発音する。

"gl" は, 英語の "ll" (million) のように発音する。

"gn" は, 英語の "ny" (canyon) のような発音をする。

"sch" は, 英語の "school" のような発音をする。

もうすでに，あなたは多くのイタリア語を知っているはずだ。

　例えば，イタリア料理では"pasta"（パスタ），"maccheróne"（マカロニ），"risòtto"（リゾット），"pizza"（ピザ），"minestróne"（ミネストローネ）などはイタリア語だ。

　音楽に関する単語では，"soprano"（ソプラノ），"contralto"（アルト），"allégro"（アレグロ）など。

　その他，"bambino"（赤ちゃん），"la dólce vita."（すてきな人生）などもイタリア語である。

　外から入ってきた(イタリア語にとっての)外来語を除くと，全て最後から2番目のシラブルにアクセントがある。

　アメリカに住むイタリアからの移民は，英語にも同じようにアクセントをつけてリズミカルに話すので，イタリア人の話し方を真似るのは容易である。

フィレンツェの街並み

19. 外国語はこんなにたくさん

挨　拶	イタリア語
Thank you.	Grazie. グラーツィエ
You are welcome.	Prego. プレーゴ
Good morning.	Buon giorno. ブオン ジョルノ
Good afternoon.	Buon giorno. ブオン ジョルノ
Good evening.	Buona sera. ブオナ セラ
Good night.	Buona notte. ブオナ ノッテ
So long.	Arrivederci. アリヴェデルチ
How are you?	Come sta? コメ スタ
Fine, thank you.	Bene, grazie. ベネ グラーツィエ
Excuse me.	Mi scusi. ミ スクージ
Please.	Per favore. ペル ファヴォーレ
Yes. No.	Si. No. シ ノ

数　詞			
one	*six*	uno (ウノ)	sei (セイ)
two	*seven*	due (ドゥエ)	sette (セッテ)
three	*eight*	tre (トレ)	otto (オット)
four	*nine*	quattro (クアトロ)	nove (ノーヴェ)
five	*ten*	cinque (チンクエ)	dieci (ディエチ)

27 スペイン語　Spanish

　スペイン語は，カスティーリャ語とも呼ばれ，スペインのカスティーリャ地方が起源となったロマンス語だ。およそ5億人の人々が話す言語で，話者の数の多さでは，世界で3番目となっている。

　スペイン語は西半球で最も広範囲にわたって理解されており，パタゴニアの先端から北はカナダにいたるまで，かなりの数のネイティブスピーカーがいる。現在では推定で約4億1400万人だ。21世紀の初めからは，英語に続いて2番目に学習される言語，国際的団体での第二言語として，ほぼ間違いなくフランス語に取って代わる言語となりつつある。

　スペイン語は，綴り通りの発音をし，母音はいつも同じような音の長さを持つ。日本人が発音する場合，母音で終わる単語が多いため比較的発音しやすい言語だ。

　スペイン語の "í"（例："Buenos días."「おはよう」）は，アクセントを示す。

　"ñ" は，英語の "ny" のような発音をする。例："señor"（英語の sir の意）

　"r"，特に2度 "r" がくる時は，しっかり舌を巻いて強く発音する。

　"h" はいつも無音で，発音しない。"hotel" は発音では "otel" になる。

"j" は，英語の "g" の発音になり，スペイン語の "i"，"e" は英語の "h" の発音になる。

"ge" は，英語の強い "hell" の he の発音をする。例えば "Los Angeles" は "Los Anhelles"（ロサンヘレス）と同じ発音になる。

スペイン語のアルファベットは，29文字で，英語のアルファベットに "ch"，"ll"，"ñ" が加わる。ch は "chay"，ll は "ellya"，ñ は "enya" と呼び，この3つは別のアルファベット文字と考えるのである。

スペイン語は男性詞，女性詞に分かれており，主語の人称によって動詞の語尾が変化する。また，形容詞が名詞の後にくるのも英語とは違う点だろう。

本国のスペイン語とラテンアメリカのスペイン語の違いの1つに，"z" と "c" の発音の違いがある。ラテンアメリカと南スペインの発音は似ている傾向にあり，これらは共に英語の "s" と発音し，スペイン本国のカスティーリャ地方では，"th" と違った発音をする。

例えば，"Gracias"（ありがとう）の発音の違いは，"Gra(s)ias"→"Gra(th)ias" となる。

次ページに，挨拶の例文と数詞を示す。

挨拶	スペイン語
Thank you.	Gracias. (グラシアス)
You are welcome.	De nada. (デ ナーダ)
Good morning.	Buenos días. (ブエノス ディアス)
Good afternoon.	Buenas tardes. (ブエナス タルデス)
Good evening.	Buenas tardes. (ブエナス タルデス)
Good night.	Buenas noches. (ブエナス ノーチェス)
So long.	Hasta luego. (アスタ ルエゴ)
How are you?	¿Cómo está usted? (コモ エスタ ウステ)
Fine, thank you.	Bien gracias. (ビエン グラシアス)
Excuse me.	Discúlpeme. (ディスクルペメ)
Please.	Por favor. (ポル ファヴォール)
Yes. No.	Si. No. (シ ノ)

数 詞			
one	*six*	uno (ウノ)	seis (セイス)
two	*seven*	dos (ドス)	siete (シエテ)
three	*eight*	tres (トレス)	ocho (オチョ)
four	*nine*	cuatro (クアトロ)	nueve (ヌエヴェ)
five	*ten*	cinco (シンコ)	diez (ディエス)

28　カタルーニャ語　Catalan

　カタルーニャ語は，カタラン語とも呼ばれるが，スペイン北東部にあるカタルーニャ州に住んでいるカタルーニャ人が使用している言語である。

　そのほか，スペインのバレンシア州，バレアレス諸島の各自治州でも，地方公用語として認められている。また，スペインに隣接するアンドラ公国でも，公用語となっている。

　言語系統としては，インド・ヨーロッパ語族のイタリック語派に属する。

　現在，母国語として410万人程度が話しており，第二言語としては510万人が話すと推定される。

　カタルーニャ州では，スペインからの独立を望む人が多く，2014年には独立の是非を問う非公式の住民投票を強行した。結果は8割以上が独立に賛成と回答。だが，住民投票は違憲として，憲法裁判所が差し止めの判決を下していたため認められず，2015年現在，独立はかなっていない。

　ちなみに，イタリア出身だと言われているクリストファー・コロンブスが書いた手紙について，語彙，筆跡の言語的分析が行われ，彼の母国語はカタルーニャ語であったことが明らかになった。コロンブスはジェノバ生まれのイタリア人ではなくて，本当はスペインで生まれたのではないかという説もあるのだ。

　次のページに，例文を示す。スペイン語との違いも比較してみてほしい。

挨拶	カタルーニャ語
Thank you.	Gràcies. グラシエス
You are welcome.	De res. デ レス
Good morning.	Bon dia. ボン ディア
Good afternoon.	Bona tarda. ボナ タルダ
Good evening.	Bon vespre. ボン ヴェスプレ
Good night.	Bona nit. ボナ ニット
So long.	Fins després. フィンス デスプレス
How are you?	Com stà? コム スタ
Fine.	Bé. ベ
Excuse me.	Ho sento. オ セント
Please.	Si us plau. スィウス プラウ
Yes. No.	Sí. No. スィ ノ

数詞	
one	un（男性）/ una（女性） ウン / ウナ
two	dos（男性）/ dues（女性） ドス / ドゥエス
three	tres トレス
four	quatre クアトレ
five	cinc スィンス
six	sis スィス
seven	set セト
eight	vuit ヴィト
nine	nou ノウ
ten	deu デウ

29 ポルトガル語　Portuguese

ポルトガル語は，ロマンス語であり，ポルトガル，ブラジル，モザンビーク，アンゴラ，カーボベルデ，ギニアビサウ，そしてサントメ・プリンシペの唯一の公用語だ。

ブラジルのポルトガル語と本国のポルトガル語は，イギリス英語とアメリカ英語のように少しアクセントが異なるが，お互いに理解し合えるほどのわずかな違いである。

1543年，種子島にポルトガル人が来航して以来，日本人にとっては，最初に接した西洋人がポルトガル人なので，外来語として古くから日本語に入っているポルトガル語がいくつかある。例えば，"biscoito"（ビスケット），"jarro"（じょうろ）などがそうだ。日本人には親しみがもてる言語であろう。

私は大学1年の時に学び始めた。ブラジルからニューヨークを訪れる患者もいて，今も時々使う機会がある。

発音のコツは以下のとおり。

"a", "e", "i", "o", "u" は，それぞれ「ア」，「エ」，「イ」，「オ」，「ウ」と発音するのでやさしい。

"r" は舌をまるめる。

"ç" は "s" と発音する。

"a", "o", "u" の前の "c" は "k" の音となり，"e", "i" の前では "s" の音となる。

"g" は "a", "o", "u" の前ではガ，ゴ，グとなるが，

"e", "i" の前ではジェ, ジィになる。

"q" は "ue", "ui" の前では "k" の音となるが, その他は英語 "qu" の音となる。

"ã", "õ" はニャ, ニョに近いような鼻音となる。

語尾の "m" も鼻音となる。

"nh" はニャ, 英語の "ny" のように鼻音となる。

アクセントの印があり, その有無で意味の異なる単語もある。

英語の語尾の "-ly" はポルトガル語の "-mente" となり, 英語の語尾の "-tion" がポルトガル語の "-ção", "-ent" が "-ente" となるので, すぐ多数の単語を覚えられる。

表の挨拶を補足すると, 英語の "Thank you." に "very much" を付ける表現は "Muito obrigado." となる。英語の "Mr." は "Sr.", "Mrs." は "Madam", "Ladies and gentlemen" は "Senhoras e senhores", "So long." は "Até logo." と言う。

ポルトガルの首都リスボンを見下ろす丘の上には, フェニキア人, ギリシャ人, ローマ人が同じ場所で使用した古い要塞がある。第二次世界大戦中, ポルトガルは中立を維持し, 数多くのヨーロッパの貴族たちが, 眺めの美しい海岸沿いに大きな邸宅を建築した。昔の貴族たちの避暑地であり, 丘の上のムーア城跡のあるシントラは必見だ。

19. 外国語はこんなにたくさん

挨拶	ポルトガル語
Thank you.	Obrigado. (オブリガード)
You are welcome.	De nada. (デ ナーダ)
Good morning.	Bom dia. (ボン ジア)
Good afternoon.	Boa tarde. (ボア タルデ)
Good evening.	Boa noite. (ボア ノイテ)
Good night.	Boa noite. (ボア ノイテ)
Good-bye.	Adeus. (アデウス)
How are you?	Come vai? (コモ ヴァイ)
Fine, thank you.	Bem, obrigado. (ベン オブリガード)
Excuse me.	Desculpe. (デスクルペ)
Please.	Por favor. (ポル ファヴォール)
Yes. No.	Sim. Não. (シン ナウン)

数詞			
one	six	um (ウン)	seis (セイス)
two	seven	dois (ドイス)	sete (セッテ)
three	eight	três (トレス)	oito (オイト)
four	nine	quatro (クアトロ)	nove (ノヴェ)
five	ten	cinco (シンコ)	dez (デス)

30 フランス語 French

　フランス語はインド・ヨーロッパ語族に属するロマンス語で，第一言語としては7500万人が話している言語だ。全ての国連機関，EU，北大西洋条約機構，世界貿易機関や赤十字国際委員会を含む，数多くの国際機関の公用語でもある。

　フランス語を第二言語としている話者は，1億1500万人ほどいると推定される。話者は世界の多くの地域に分散しており，中でも，フランス語圏アフリカに最も多く居住している。

　フランス語はローマ帝国のラテン語の話し言葉に端を発するイタリック語派で，ローマのガリアのケルト語や，ロ

記号	名称	用法	例
[´] accent aigu (アクサン テギュ)		発音や同音異義語を区別する	é
[`] accent grave (アクサン グラーヴ)			à, è
[^] accent circonflexe (アクサン シルコンフレックス)			â, ê, î, ô, û
[¨] tréma (トレマ)		続く2つの母音字が1つの母音を表すものでないことを示す	ä, ï, ü
[¸] cédille (セディユ)		cを[s]と読ませるため	ç
['] apostrophe (アポストロフ)		省略された母音字の代わり	
[-] trait d'union (トレ デュニヨン)		2つ以上の語を結びつける	

フランス語表記で用いられる綴字記号

19. 外国語はこんなにたくさん

ーマ帝国の後に侵略したフランク族の言語（ゲルマン語）に影響を受けた。

　フランス語は，発音がむずかしい。ここに，いくつかのポイントを挙げてみよう。
　"n" にくっつく "an"，"ain"，"en"，"in"，"on"，"un" の発音はすべて鼻音になる。
　"u" は，英語の "ee" を唇を丸め笛を吹くような形をしながら発音する。
　"r" は，のどをまさつして出す。
　"l" が続く場合，絶え間なく流れる音の英語の "ee" に似た発音をする。
　"j" は英語の "measure"，"treasure" の s のように発音する。

　フランス語の一部には，世界中の国々がそのまま使って，それぞれの国で外来語として受け入れられているものがある。
　例えば，
　"Bon voyage."（よい旅を）
　"chic"（シックな）
　"boutique"（ブティック）
　"encore"（アンコール）など。

挨拶	フランス語
Thank you.	Merci. メルスィ
You are welcome.	Je vous en prie. ジュ ヴ ザンプリ
Good morning.	Bonjour. ボンジュール
Good afternoon.	Bonjour. ボンジュール
Good evening.	Bonsoir. ボンソワール
Good night.	Bonne nuit. ボン ヌユイ
So long.	Au revoir. オー ルヴォワール
How are you?	Comment allez-vous? コマン タレ ヴー
Fine, thank you.	Je vais bien, merci. ジュ ヴェ ビアン メルスィ
Excuse me.	Excusez-moi. エクスキュゼ モア
Please.	S'il vous plait. シル ヴ プレ
Yes. No.	Oui. Non. ウィ ノン

数詞

one	six	un (アン)	six (スィス)
two	seven	deux (ドゥー)	sept (セット)
three	eight	trois (トロワ)	huit (ウイット)
four	nine	quatre (カトル)	neuf (ヌフ)
five	ten	cinq (サンク)	dix (ディス)

19. 外国語はこんなにたくさん

31 ルーマニア語 Romanian

　ルーマニア語はロマンス語で，母語としてルーマニアとモルドバに約2400万人の話者がいる。さらに，400万人の人が第二言語としている。ルーマニア語を話す人は，他にオーストリア，イタリア，スペイン，ウクライナ，アメリカ合衆国，カナダ，アルゼンチン，イスラエル，ロシア，ポルトガル，英国，フランス，ドイツに分散している。

A	a	アー	N	n	ネー
Ă	ă	アー	O	o	オー
Â	â	ウー	P	p	ペー
B	b	ベー	(Q	q	キュー)
C	c	チェー	R	r	レー
D	d	デー	S	s	セー
E	e	エー	Ş	ş	シェー
F	f	フェー	T	t	テー
G	g	ジェー	Ţ	ţ	ツェー
H	h	ハー	U	u	ウー
I	i	イー	V	v	ヴェー
Î	î	ウー	(W	w	ドゥブル・ヴェー)
J	j	ジェー	X	x	イクス
K	k	カー	(Y	y	イーグレク)
L	l	レー	Z	z	ゼー
M	m	メー			

ルーマニア語のアルファベット

挨拶	ルーマニア語
Thank you.	Mulţumesc. ム ル ツ メ ス ク
Don't mention it.	N-aveţi pentru ce. ナ ヴェーツィ ペントル チェ
Good morning.	Bună dimineaţa. ブーナ ディミネエアツア
Good afternoon.	Bună ziua. ブーナ ズィウア
Good evening.	Bună seara. ブーナ セアラ
Good night.	Noapte bună. ノアプテ ブーナ
So long.	La revedere. ラ レヴェデーレ
How are you?	Ce mai faceţi? セ マイ ファチェツィ
Fine, thank you.	Foarte bine, mulţumesc. フォアルテ ビーネ ムルツメスク
Excuse me.	Scuzaţi-mă. スクザツィ マ
Please.	Vă rog. ヴァ ローグ
Yes. No.	Da. Nu. ダ ヌー

数詞

one	six	unu (ウヌ)	şase (シャセ)
two	seven	doi (ドイ)	şapte (シャプテ)
three	eight	trei (トレイ)	opt (オプト)
four	nine	patru (パトル)	nouă (ノーウア)
five	ten	cinci (チンチ)	zece (ゼーチェ)

32 ハンガリー語　Hungarian

　ハンガリー語は、ハンガリーの公用語だ。ハンガリーに住むのは、84％がハンガリー人、3％がロマ人である。フィンランド語やエストニア語と同じく、ウラル語族に属しており、インド・ヨーロッパ語族に属さない数少ないヨーロッパ言語の1つ。

　ハンガリーは地理的には東欧に属しているが、言語は、

ハンガリー語を話す人の地理的分布

国名	ハンガリー語の話者数
ハンガリー	989万6000人
ルーマニア	126万8000人
スロバキア	45万8000人
セルビア	29万3000人
ウクライナ	14万9000人
アメリカ合衆国	11万8000人
カナダ	7万6000人
イスラエル	7万人
オーストリア	2万2000人
クロアチア	1万7000人
スロベニア	9000人
合計	1237万6000人

ロシア語，チェコ語，ポーランド語，その他のインド・ヨーロッパ語のいずれともまったく関係がない。最も近い関係にあるのが，シベリアのボルガやオスティヤック語である。これらはフィン・ウゴル語派で，ウラル語族の支派になる。

すなわちハンガリー語は，ウゴル語族の言語で，フィンランド語に近い。またエストニア語も仲間で，エストニアからバルト海，フィンランドなどの沿岸でも使われている。そして，スカンジナビア北部，ロシア北部のコーラ半島などのラップ（ランド）語も仲間になる。モンゴルのジンギスカンの子孫の言語といわれる。

ちなみにフィン・ウゴル語派の特徴は，単語の一部または語尾に別の音を付けて，全く別の単語をつくるということである。ハンガリー語は，言葉の最初か最後に文字か音を変化させたものを付けるか，接尾辞で変化させる。発音が少しでも違うと，全く違う意味になったり，通じなくなる。

例えば，"ot"の"o"を短く発音すると，「5」という意味になるが，"ot"の"o"を長く発音すると，「彼を，彼女を」という意味になる。

ハンガリー語の場合，アクセントはいつも最初の音節にあり，アクセントの文字は大文字で表される。
ハンガリー語の発音のポイントを記そう。

　a：ア
　á：アー

19. 外国語はこんなにたくさん

- e：エ
- é：エー
- i：イ
- í：イー
- o：オ
- ó：オー
- ö：オェ，口はオ，舌はエ，ドイツ語の o-umlaut と同じ
- ő：オエー，öを長くした音
- u：ウ
- ú：ウー
- ü：ウィ，口はウ，舌はイ，ドイツ語の u-umlaut と同じ音
- ű：ウィー
- c：ts の音，ツ

A	a	F	f	M	m	Sz	sz
Á	á	G	g	N	n	T	t
B	b	Gy	gy	Ny	ny	Ty	ty
C	c	H	h	O	o	U	u
Cs	cs	I	i	Ó	ó	Ú	ú
D	d	Í	í	Ö	ö	Ü	ü
Dz	dz	J	j	Ő	ő	Ű	ű
Dzs	dzs	K	k	P	p	V	v
E	e	L	l	R	r	Z	z
É	é	Ly	ly	S	s	Zs	zs

ハンガリー語のアルファベット

cs：ch の音，チャ
gy：dg の音，ジ
j, ly：英語の y の音
ny：英語の ny の音
s：sh の音
sz：s の音
ty：チュー，英語 Tuesday の t の音
zs：zh の音，英語の vision の s の音
他の子音は，他の言語と同じように発音される。

ドナウ川沿いにある国会議事堂

19. 外国語はこんなにたくさん

挨拶 / ハンガリー語

English	ハンガリー語
Thank you.	Köszönöm. (ケセネム)
You are welcome.	Kérem. (ケーレム)
Good morning.	Jó reggelt. (ヨ レッゲルト)
Good afternoon.	Jó napot. (ヨ ナポット)
Good evening.	Jó estét. (ヨ エシュテート)
Good night.	Jé éjszakát. (ヨ エーサカット)
So long.	Viszontlátásra. (ヴィソントラタシュラ)
How are you?	Hogy van? (ホッジ ヴァン)
Fine, thank you.	Köszönöm, jol. (ケセネム ヨル)
Excuse me.	Elnézést. (エルネーゼーシュトウ)
Please.	Tessék. (テーシェック)
Yes. No.	Igen. Nem. (イゲン ネム)

数詞

English	ハンガリー語
one	egy (エジュ)
two	kettö (ケットウ)
three	három (ハーロム)
four	négy (ネージュ)
five	öt (エット)
six	hat (ハット)
seven	hét (ヘット)
eight	nyolc (ニョルツ)
nine	kilenc (キレンツ)
ten	tiz (ティーズ)

33 フィンランド語 Finnish

フィンランド語は、ハンガリー語、エストニア語と同様、ウラル語族のフィン・ウゴル語派に属する。

フィンランドに住んでいるのは、90％がフィンランド人で5％がスウェーデン人だ。北部のラップランドには、サーミ族が住んでいる。

フィンランド語は、いつも最初の音節にアクセントがくる。そして、発音する時、母音や子音の長短を区別して、間違わないようにしなければならない。

フィンランドはヨーロッパでありながら、歴史的・文化的・民族的にアジアの影響が非常に強い。ハンガリー人と同様、昔のモンゴル人の子孫とヨーロッパ人の混じり合った民族である。言語が一番昔の名残りをとどめていると言えるかも知れない。

		発言
Š	š	シュ
Ž	ž	ジュ
Å	å	アー
Ä	ä	エウー
Ö	ö	エオー

英語のアルファベットに加えて用いられるフィンランド語の文字

19. 外国語はこんなにたくさん

挨拶	フィンランド語
Thank you.	Kiitos.〔キートス〕
You are welcome.	Ei kestä.〔エイ ケステ〕
Good morning.	Hyvää huomenta.〔ヒューヴェー フォメンタ〕
Good afternoon.	Hyvää päivää.〔ヒューヴェー パイヴェ〕
Good evening.	Hyvää iltää.〔ヒューヴェー イルテ〕
Good night.	Hyvää yötä.〔ヒューヴェ ヨーテ〕
So long.	Näkemiin.〔ネケミーン〕
How are you?	Mitä kuuluu?〔ミテ クールー〕
Fine, thank you.	Hyvää, kiitos.〔ヒューヴェー キートス〕
Excuse me.	Anteeksi.〔アンテイークスイ〕
Please.	Olkaa hyvä.〔オルカー ヒューヴェ〕
Yes. No.	Kyllä. Ei.〔キュルレ エイ〕

数詞			
one	six	yksi〔イクシー〕	kuusi〔クーシー〕
two	seven	kaksi〔カクシー〕	seitsemän〔セイツメン〕
three	eight	kolme〔コルメ〕	kahdeksan〔カハデクサン〕
four	nine	neljä〔ネリエ〕	yhdeksän〔エヘデクセン〕
five	ten	viisi〔ヴィーシー〕	kymmenen〔キュメンネン〕

34 エストニア語　Estonian

エストニア語は,エストニアの公用語であり,約110万人の人々が母語としている。ウラル語族のフィン・ウゴル語派に属する言語だ。ウラルという名前は,その語族の故地がウラル山付近であったという仮説に由来している。

前述したとおり,ヨーロッパのハンガリー語,フィンランド語,エストニア語の3言語はインド・ヨーロッパ語族には属さない。エストニアは他のバルト諸国と同様に,ドイツ系の移民が多い。そのため,ドイツ語の影響を強く受けている。表記はラテン文字。

エストニアは,エストニア人と何万もの移民との共同体となっている。

エストニアの首都・タリン

19. 外国語はこんなにたくさん

エストニア語

挨拶	
Thank you.	Tänan. (テナン)
Please; you're welcome.	Palun. (パルン)
I am sorry.	Vabandust. (ヴァバンドゥスト)
No problem.	Pole viga. (ポレ ヴィガ)
Welcome.	Tere tulemast. (テレ トゥレマスト)
Good morning.	Tere hommikust. (テレ ホミクスト)
Good afternoon.	Tere päevast. (テレ ペヴァスト)
Good evening.	Tere õhtust. (テレ オーツスト)
Good night.	Head ööd. (ヘード オオド)
Good-bye.	Nägemist. (ネゲミスト)
Excuse me.(くだけた表現)	Vabanda. (ヴァバンダ)
(かしこまった表現)	Vabandage. (ヴァバンダゲ)
How are you?(くだけた表現)	Kuidas sinul läheb? (クイダス スィヌル レヘブ?)
(かしこまった表現)	Kuidas teil läheb? (クイダス ティル レヘブ?)
I'm fine, thanks.	Tänan, hästi. (テナン ヘスティ)
I'm OK.	Normaalselt. (ノルマルセルト)
Yes. No.	Jah. Ei. (ヤ アイ)

数詞			
one	*six*	üks (ユクス)	kuus (クウス)
two	*seven*	kaks (カクス)	seitse (サイツエ)
three	*eight*	kolm (コルム)	kaheksa (カヘクサ)
four	*nine*	neli (ネリ)	üheksa (ユヘクサ)
five	*ten*	viis (ヴィイス)	kümme (キュメ)

35 ギリシャ語　Greek

　ギリシャ語は，インド・ヨーロッパ語族の単独語派で，南バルカン半島，エーゲ海諸島，小アジア西部，キプロスで母国語として話されている。

　34世紀にわたって記録された，インド・ヨーロッパ語で記された最古の歴史書物がある。その歴史の大半において，ギリシャ文字が書記体系として使用されていたことがわかっている。この文字はフェニキア書体から生じ，ラテン語，キリル文字，コプト語そしてその他多くの書記体系の基礎となっていった。

　ギリシャ語はヨーロッパの歴史，広くは西洋世界とキリスト教において重要な位置を占めている。古代ギリシャ文学の古典には，叙事詩イーリアスとオデュッセイアのような西洋古典体作品があり，画期的で重要性が高いものが多い。ギリシャ語は，プラトンの問答やアリストテレスの作品など，数多くの西洋哲学の基本的な教科書が創作される際に使用された。

　古典古代の時代に，ギリシャ語は地中海世界を超えて広く話された共通語であり，最終的にはビザンチン帝国の公式言語になった。現在では，ギリシャとキプロスそしてEUの24ある公用語の1つとなっている。現在，ギリシャ，キプロス，ギリシャのディアスポラの少なくとも1300万人が話している。

　ギリシャ語のアルファベットは，24文字で，英語とは書

19. 外国語はこんなにたくさん

ギリシャ文字		対応する ローマ字	文字の ギリシャ名	古代ギリシャ語 での名称
Α	α	a	alpha	
Β	β	v	veta	beta
Γ	γ	g	gamma	
Δ	δ	th (dh)	thelta	delta
Ε	ε	e	epsilon	
Ζ	ζ	z	zita	zeta
Η	η	e	ita	eta
Θ	θ	th	thita	theta
Ι	ι	i	iota	
Κ	κ	k	kappa	
Λ	λ	l	lamvtha	lambda
Μ	μ	m	mi	
Ν	ν	n	ni	
Ξ	ξ	x	xi	
Ο	ο	o	omicron	
Π	π	p	pi	
Ρ	ρ	r	ro	
Σ	σ	s	sigma	
Τ	τ	t	taf	tau
Υ	υ	y	ipsilon	
Φ	φ, ϕ	f	fi	
Χ	χ	ch	chi	
Ψ	ψ	ps	psi	
Ω	ω	o	omega	

ギリシャ文字

き方も読み方も大きく違う。また，近代ギリシャ語と古代ギリシャ語では多少読み方も変わってくる。

例えば，前ページの表のように古代ギリシャ語の"β"は"beta"と読むが，近代では"veta"と読み，古代では"delta"と読んだものが今では"thelta"で，英語の"th"の発音をする。

ギリシャ語のアルファベット，"β"が英語の"v"の発音をするなら，英語の"b"にあたる発音はどうかというと，"m"と"p"("mu"や"pi")の合わさった音で作られる音が近い。

英語の単語の約12%はギリシャ語から来ており，その多くは英単語の接頭辞や接尾辞に使われている。

例えば，

"micro"(小さい)，"macro"(大きい)，"anti"(反対)，"mono"(一つ)，"graph"(書く)，"scope"(見る)

などがある。

特にこれらの接頭辞，接尾辞のほか，科学や医学，政治学，芸術の分野の単語に，ギリシャ語に由来する語が広く使われている。

"atom"，"neutron"，"electron"，"democrat"

などである。

1976年にギリシャの小・中学校で古典ギリシャ語の教育が廃止され，口語（現代）ギリシャ語が共通語と定められた。日本語の古文と現代国語の違いのようなもので，大学進学を目指す高校時代の3年間に古典ギリシャ語が学ばれ

ている。こういう変化の起こる過程で，古典ギリシャ語を愛する学者達と，実用性を重んずる人々の対立，争いがあった。日本語の当用漢字の教育によく似ている。教育がエリートだけのものでなく大衆化し，急速に変化する社会に言語教育も歩調を合わせているようである。古典ギリシャ語は30万語（単語数）あり，その中で現代日常会話に使われているのはわずか500語ばかりである。

　アレキサンダー大王は，かつてヨーロッパ，アジア，アフリカにおいて広範囲の領域を征服した。現在，ギリシャはヨーロッパで貧しい国になっているが，ギリシャ文明は滅びたのだろうか？　ギリシャの知性と文化遺産は西洋文明の中心に生きており，ギリシャ語は滅びず，文化的および言語的遺産として西洋文明の残余に広がっていった。多くの西洋の言語は文化の中心としてギリシャ語に根付いた言葉と理論を伝えているのだ。

アテネのパルテノン神殿

ギリシャ語

挨拶	発音	表記
Thank you.	Efharistró. (エフハリストゥ)	Ευχαριστώ
You are welcome.	Parakalo. (パラカロ)	Παρακαλώ
Good morning.	Kaliméra. (カリメラ)	Καλημέρα.
Good afternoon.	Hérete. (ヘレテ)	Χαίρετε.
Good evening.	Kalispéra. (カリスペラ)	Καλησπέρα.
Good night.	Kalinychta. (カリニフタ)	Καληνύχτα.
Good-bye.	Hérete. (ヘレテ)	Χαίρετε.
How are you?	Pós ísthe. (ポス イステ)	Πώς εισθε.
Fine, thank you.	Kala, Efharistró. (カラ エフハリスト)	Καλα, Εύχαριστώ
Excuse me.	Signómi. (スイグノミ)	Σνγγνώμη.
Please.	Parakaló. (パラカロ)	Παρακαλώ
Yes. No.	Málista. Óhi. (マリスタ オヒ)	Μάλιστα. Οχι.

数詞	発音	表記
one	énas (エナ)	ένα
two	dhío (ディオ)	δύο
three	tría (トリア)	τρία
four	téssera (テセラ)	τέσσερα
five	pénde (ペンデ)	πέντε
six	éksi (エクシ)	έξι
seven	eptá (エフタ)	εφτὰ
eight	októ (オクト)	οκτώ
nine	ennéa (エネア)	εννεά
ten	dhéka (デカ)	δέκα

19. 外国語はこんなにたくさん

36 ヘブライ語　Hebrew

　ヘブライ語は，アフロ・アジア語族のセム語派に属する西セム語である。歴史的には，ヘブライ人，イスラエル人そして彼らの祖先の言語とみなされている。

　ヘブライ語は，今日使われている言語の中で最も古い言語と言われている。これは，ディアスポラのユダヤ人たち（離散して他国に住むユダヤ人たちの集団）の間で話されていたが，1世紀から4世紀の間に，次第に使われなくなっていった。唯一ユダヤ教の典礼やラビ文学の言語として，中世に生き残っていたが，19世紀に話し言葉または文学言語として復活した。

　現在，ヘブライ語を話す人は世界中で900万人おり，そのうち700万人はイスラエル人だ。アメリカ合衆国はヘブライ語を流暢に話す人々が2番目に多く，およそ22万人で，そのほとんどがイスラエル出身である。

　現代ヘブライ語は，イスラエルの2つある公用語の1つであり（もう1つはアラビア語），古典ヘブライ語は現在，世界中のユダヤ系共同体で，祈りまたは研究のために使用されている。古代ヘブライ語は，サマリア人の典礼で使われる言葉でもあり，現代ヘブライ語やアラビア語は彼らの方言だ。ユダヤ教信者やイスラエルのユダヤ人や学生，そして中東やその文明を専門とする学者でヘブライ語を勉強する人が増えている。また，神学者も学び，キリスト教の神学校でも教えられている。

律法(the Torah：ヘブライ語の聖書の最初の5つの書)やヘブライ語の聖書のほとんどが古典ヘブライ語で書かれており、現在の聖書の多くは、具体的に言うと聖書ヘブライ語の方言である。紀元前6世紀頃、バビロンの時代の頃に栄えたと考えられている。このような理由から、ヘブライ語は古くから「聖なる言葉」(Leshon HaKodesh)としてユダヤ人が使っていた言葉と言われている。

ユダヤ教とユダヤ人たちの長い歴史を秘めたこの言語の本質は、今日の多くのユダヤ人たちに理解され、現代の言語としてよみがえることになった。言い換えるなら、ヘブライ語は、世界で最も古く、そして最も新しい言語として存在している。

ヘブライ語には、宗教的な意味を持つ言葉が多く、今日の英語の中でもいくつかの言葉がそのまま使われている場合がある。

ヘブライ語をローマ字表記すれば、

Halleluja !（Hail to the Lord !）
　　ハレルヤ！（汝を賞賛する）
Amen.（So be it.）
　　アーメン（確かにそうでありますように）
Shalom !（Peace !）
　　シャローム（平和：ユダヤ人の伝統的あいさつ）
kibbutznik（kibbutz）
　　キブツ（イスラエルの農業生活共同体）

19. 外国語はこんなにたくさん

	名称	発音		名称	発音
א	アレフ	無音	ל	ラメッド	l
ב	ヴェート	b	מ	メム	m
ג	ギメル	g	נ	ヌン	n
ד	ダレット	d	ס	サメフ	s
ה	ヘー	h	ע	アイン	有声摩擦音
ו	ヴァヴ	v	פ	フェー	f
ז	ザイン	z	צ	ツァディ	ts
ח	ヘット	kh	ק	クフ	kh
ט	テット	t	ר	レーシュ	r
י	ユッド	y	שׁ	シン	sh, s
כ	ハフ	h, kh	ת	タヴ	t

主な母音記号（ニクダー）

◻ַ ◻ָ ◻ֲ	ア
יִ◻ ◻ִ	イ
וּ ◻ֻ	ウ
◻ֶ ◻ֵ ◻ֱ	エ
וֹ ◻ֹ	オ
◻ְ	エ（半母音）

（□部にアレフベートが入り，その子音に母音を付けて発音する）

ヘブライ語のアルファベット（アレフベート。22字すべて子音）

その他，地名もそのまま使われている場合がある。例えば，

　　TelAviv（テルアビブ：イスラエル西部の都市）＝「春の丘」という意味。

　　Jordan（ヨルダン：アジアの南西部の国）＝「丘に来る者」という意味。

　日常よく使われるていねいな言葉の

　　Be-va-ka-shá．

は，「どうぞ」，「よろしいです」の他に，「どういたしまして」というように，その状況によって，いろいろな意味になる。

　　How are you ? は表の言い方の他に，

　　男に対して　Ma shlom-kha ?

　　女に対して　Ma shlo-mekh ?

　　Mr. は A-dou

　　Mrs. あるいは Miss は Ge-ve-ret

　　Sir は A-do-uee

　　Madam は Ge-vir-tee

　また，表の表現にもう1つ加えるならば，

　"Thank you very much." は "To-dá-Ra-bá." となる。

19. 外国語はこんなにたくさん

ヘブライ語

挨拶	発音	表記
Thank you.	To-dá. (トダ)	חודה.
You are welcome.	Al lo da-vár. (アロダヴァル)	על לא דבד.
Good morning.	Bó-ker tóv. (ボケルトフ)	בוקר סוב.
Good afternoon.	Shalom. (シャローム)	שָׁלוֹם.
Good evening.	Érev tóv. (エレフトフ)	ערב סוב.
Good night.	Lái-la tóv. (ライラトフ)	לילה סוב.
So long.	Shalom. (シャローム)	שָׁלוֹם.
How are you sir?	Eykh a-ttá mar-gísh a-do-ní? (アイクアタマルギシュアドニ)	איך אתה מרגיש, אדוני?
Fine, thank you.	Tóv, to-dá. (トフトダ)	סוב, חורה.
Excuse me.	(男性に) Tis-lákh lée. (ティスラクレ) (女性に) Tis-lekhí lée. (ティスレクヒレ)	תסלח לי. תסלחי לי.
Please.	Be-va-ka-shá. (ベヴァカシャ)	בבקשה.
Yes. No.	Ken. Lo. (ケンロー)	לא. כן.

数詞	発音		表記	
	男性形	女性形		
one	e-khád (エハド)	a-khát (アハト)	אחח	אחד
two	shná-yim (シェナイム)	shtá-yim (シェタイム)	שתיים	שניים
three	shlo-shá (シェロシャ)	sha-lósh (シャロシュ)	שלוש	שלושה
four	ar-ba-á (アルバア)	ar-bá (アルバ)	ארבע	ארבעה
five	kha-mi-shá (ハミシャ)	kha-mésh (ハメシュ)	חמש	חמישה
six	shi-shá (シシャ)	shesh (シェシュ)	שש	שישה
seven	shiv-á (シヴァ)	shé-va (シェヴァ)	שבע	שבעה
eight	shmo-ná (シェモナ)	shmó-ne (シェモネ)	שמונה	שמונה
nine	tish-á (ティシャ)	té-sha (テシャ)	תשע	תשעה
ten	a-sa-rá (アサラ)	é-ser (エセル)	עשר	עשרה

37　マルタ語　Maltese

シチリア島の南にある島国，マルタの公用語で，EUの公用語でもある。以前，同国ではイタリア語が公用語だったが，1934年にマルタ語が公用語に採用された。ヨーロッパでは唯一，アフロ・アジア語族に属するセム語派。

現在では，第一言語として約30万人が話しており，海外へ移住した約7万人の人々も含めると，37万人の話者がいると推定される。オーストラリアやアメリカ合衆国，カナダへ移住した人が多い。

マルタは，新石器時代から人間が生活していたと言われており，現在も巨石文明の遺跡が多数残っている。地中海貿易で繁栄し，一時はイスラム帝国の支配下にあったこともあるが，1530年，地中海のロドス島を追われた聖ヨハネ騎士団の領土となる。1565年には，オスマン帝国からの攻撃を受けるが，約4ヵ月で撃退。現在の首都バレッタは，このときのマルタ騎士団の団長の名（ジャン・ド・バレット）にちなんでいる。

マルタ語はアラビア語の語彙が基礎となっているが，シチリア語からの借用語も多数ある。新しい概念を示す言葉（たとえば，学校，政府，映画館など）は，シチリア語に由来する。

19. 外国語はこんなにたくさん

マルタ語

挨 拶	発 音	表 記
Thank you.	Grattsi. (グラッツィ)	Grazzi.
You are welcome.	Memʃimneaʃ. (マエムシュムニエシュ)	M'hemmx imn'hiex.
Good morning.	Bondzu. (ボンジュ)	Bonġu.
Good afternoon.	Bondzu. (ボンジュ)	Bonġu.
Good evening.	Bonswa. (ボンスッ)	Bonswa.
Good night.	Illeyl ittayyep. (イルライル イッタイイェプ)	Il-lejl it-tajjeb.
How are you?	Ki:f inti. (キフ インティ)	Kif inti?
Fine. (男性)	Tayyep. (タイイェプ)	Tajjeb.
(女性)	Taybahafna. (タイバハフナ)	Tajba hafna.
Excuse me.	Skuza:ni. (スクザーニ)	Skużani.
Please.	Yekk yo:dzok. (イェック ヨージボク)	Jekk jogħġbok.
Yes. No.	I:va. Le. (イヴァ レ)	Iva. Le.

数 詞	発 音	表 記
one	wieħed (ウィーヘッド)	wieħed
two	tneyn (トネイン)	tnejn
three	tlieta (トリータ)	tlieta
four	erbgha (エルバー)	erbgħa
five	hamsa (ハムサ)	ħamsa
six	sitta (スィッタ)	sitta
seven	sebgha (セバー)	sebgħa
eight	tmienya (トミーニャ)	tmienja
nine	disgha (ディサー)	disgħa
ten	għaʃra (アーシュラ)	għaxra

38 トルコ語 Turkish

トルコ語は，イスタンブール・トルコ語とも呼ばれ，テュルク諸語族で最も広く話されている言語だ。東南ヨーロッパで約1000万〜1500万人，西アジアでは5500万〜6000万人の合計7100万人のネイティブスピーカーがいる。話者のほとんどがトルコに住んでおり，その他は，ブルガリア，マケドニア，北キプロス，ギリシャ，コーカサス，ヨーロッパや中央アジアの他の地域に分散している。

1928年，ケマル・アタチュルク大統領が新しいトルコ共和国を設立し，トルコ語の文字はアラビア語ではなく，ロマンス語のアルファベットを使うようになった。

トルコ語の基本語順は，主語―目的語―動詞。名詞類および文法的な性はなく，敬語を使用する。二人称単数に対する親称を持ち，丁寧さの度合い，社会的距離，年齢，相手に対する礼儀や親しみ易さを区別する二人称代名詞が使用される。二人称複数および動詞は，単数の敬意表現として使用される。

トルコ語を聞くと，ほとんどアクセントがなく，各音節は，書き文字と同じように明確に発音する。いくつかの例外はあるが，ほとんど英語の発音と似ている。

例えば，　"c" = 英語の "j"（judge）
　　　　　"j" = 英語の "z"（azure）
　　　　　"ç" = 英語の "ch"（church）
　　　　　"ş" = 英語の "sh"（ship）

19. 外国語はこんなにたくさん

"ğ" が母音の後にあると長く伸ばして発音する。

"ö" は唇を丸めて，英語の "bet" のように発音する。

"ü" は唇を丸めて，フランス語の "bee" のように発音する。

"is" の "i" は "i" と上の点のない "ı" がある。

"i" = "ee" (b<u>ee</u>t)，"ı" = "u" (mea<u>s</u>ure) と発音する。

A	a	G	g	L	l	S	s
B	b	Ğ	ğ	M	m	Ş	ş
C	c	H	h	N	n	T	t
Ç	ç	I	ı	O	o	U	u
D	d	İ	i	Ö	ö	Ü	ü
E	e	J	j	P	p	V	v
F	f	K	k	R	r	Y	y
						Z	z

トルコ語のアルファベット

トルコのエフェソス遺跡

挨拶	トルコ語
Thank you.	Teşekkür ederim. テシェキュル エデリム
You are welcome.	Rica ederim. リジャ エデリム
Good morning.	Günaydin. ギュナイドン
Good afternoon.	Merhaba. メルハバ
Good evening.	İyi akşamlar. イイ アクシャムラル
Good night.	İyi geceler. イイ ゲジェレル
Good-bye.(帰る人が言う) (送る人が言う)	Allaha ısmarladık. アラハ ウスマルラドゥク Güle güle. ギュレ ギュレ
How are you?	Nasılsınız? ナスルスヌズ
Fine, thank you.	Teşekkür ederim, iyiyim. テシェキュル エデリム イイイム
Excuse me.	Affedersiniz. アッフェデルシニズ
Please.	Lûtfen. ルトフェン
Yes. No.	Evet. Hayır. エヴェトゥ ハユル

数詞			
one	six	bir (ビル)	altı (アルトゥ)
two	seven	iki (イキ)	yedi (イェディ)
three	eight	üç (ウチ)	sekiz (セキズ)
four	nine	dört (ドゥルト)	dokuz (ドクズ)
five	ten	beş (ベシ)	on (オン)

39 ペルシャ語　Persian

ペルシャ語（ファルシとも呼ばれる）は，インド・ヨーロッパ語族のインド・イラン語派に属するイラン語だ。イラン，アフガニスタン，タジキスタンで話されており，イランでは約4500万人の話者がいる。

ペルシャ語は，古代ペルシャ帝国の時代に生まれ，今日まで生き続けてきた言語として知られている。

古代，ペルシャ語は，くさび形文字で書き表されていたが，その後イスラム教と共にアラビア文字が入ってきた。現在もこのアラビア文字を使って書き表されており，アラビア語と同じように右から左に書いてゆく。

語順は主語・目的語・動詞の順。ペルシャ語の発音は，英語やフランス語の発音に似ている。

ローマ字表記したペルシャ語の発音は，以下のとおり。

"gh" = フランス語の "r" の発音をする。

"kh" = 強く "h" を発音する，もしくはドイツ語の "ch" の発音をする。

"ch" = church

"sh" = ship

"zh" = measure または azure

"a" = hat，または father

"ay" = bay

"e" = bet

"i" = deep

"o" = s<u>o</u>ft
"oo" = f<u>oo</u>d
"ow" = n<u>ow</u>

	単独形	発音		単独形	発音
	ا	a, e, o		ص	s
	ب	b		ض	z
★	پ	p		ط	t
	ت	t		ظ	z
	ث	s		ع	a, e, o
	ج	j		غ	gh
★	چ	ch		ف	f
	ح	h		ق	gh(q)
	خ	kh		ك	k
	د	d	★	گ	g
	ذ	z		ل	l
	ر	r		م	m
	ز	z		ن	n
★	ژ	zh		و	w(v)
	س	s		ه	h
	ش	sh		ى	y

★印はペルシャ語特有の文字で，他はアラビア文字。
文字は単語の頭，中，最後と位置によって形が変わるが，ここでは単独形のみを示した。

ペルシャ語の文字

19. 外国語はこんなにたくさん

ペルシャ語

挨 拶	発 音	表 記
Thank you.	モタシャ ケラム Motashakkeram.	متشكرم
You are welcome.	ゲーベル ナ ダーレー Ghäbel na-däreh.	قابل ندارد.
Good morning.	ソブ ベヘイル Sobh bekheir.	صبح بخير.
Good afternoon.	サラーム アレイコム Salām 'aleikom.	سلام عليكم.
Good evening.	サラーム アレイコム Salām 'aleikom.	سلام عليكم.
Good night.	シャブ ベ ハイル Shab be khayr.	شب بخير.
So long.	コー デ ヘフェズ Khodä Häfez.	خدا حافظ.
How are you?	ハル エ ショマ チェ タウレー Häl-e shomä che towreh?	حال شما چطور است ؟
Fine, thank you.	モタシャ ケラム Motashakkeram, ハーラム ケイリ クーブ アスト hālam kheilī khūb ast.	متشكرم، حالم خيلى خوب است.
Excuse me.	ベ バ カ シド Be bakh shid.	ببخشيد.
Please.	ロトファン Lotfan.	لطفا"
Yes. No.	ベレー ナー Baleh. Nah.	نه/بله

数 詞		発 音		表 記	
one	six	イエク yek	シェシュ shesh	يک	شش
two	seven	ド do	ハフト haft	دو	هفت
three	eight	セ se	ハシュト hasht	سه	هشت
four	nine	シャアール chahār	ノー noh	چهار	نه
five	ten	パンイ panj	ダー dah	پنج	ده

40 アルメニア語　Armenian

　アルメニア語は，人口300万人のアルメニアで話される言語で，インド・ヨーロッパ語族に属する。

　紀元前1世紀，アルメニア王国はティグラネス2世大王のもと，一気に勢力を拡大した。4世紀初めにキリスト教を国教として取り入れた世界で最初の国となったため，アルメニアは「最初のキリスト教国」と呼ばれる。

　アルメニア語は，405年にメスロプ・マシュトツが考案したと言われる独自のアルファベットを持つ。

　16〜19世紀前半に，従来のアルメニアの故国は，オスマン帝国とペルシャ帝国が対抗する下で支配されていた。19世紀半ばまでに，ロシアがペルシャに勝ち，東アルメニアはロシアに征服されることになるが，西側の多くは，オスマンの支配下のままだった。第一次世界大戦の期間中，オスマン帝国の先祖伝来の土地に住むアルメニア人は，虐殺によって絶滅した。およそ600年間，国として存在しない状態の後，1918年に独立を果たす。しかし，敵対する諸国に囲まれ，1920年にはソ連の支配下に置かれる。1922年にアルメニアはソ連の一部となったが，1991年には再びアルメニア共和国として独立した。

　200万人におよぶ大量虐殺から逃れたアルメニア人が，世界中に移住した。アルメニア自体の人口300万人を大幅に上回る500万人のディアスポラが国外に存在し，アルメニア語を話している。

19. 外国語はこんなにたくさん

アルメニア語

挨拶	発音	表記
Thank you.	Snorhakal em. シノルアカレム	շնորհակալ եմ
You are welcome.	Khntrem. クントレム	խնդրեմ
Good morning.	Bari louys. バリ ロウィス	բարի լույս
Good afternoon.	Bari òr. バリ オル	բարի օր
Good evening.	Bari yereko. バリ ヤェレコ	բարի երեկո
Good night.	Bari gišer. バリ ギシェル	բարի գիշեր
How are you ?	Vonts' ek? ヴォンツ エク	n°ւց եք
Excuse me.	Neroğout'ioun. ネロゴゥティオゥン	ներողություն
Good-bye.	C'tesout'ioun. ステソゥティオゥン	ցտեսություն
Please.	Khntrem. クントレム	խնդրեմ
Welcome.	Bari galoust. バリ ガロウスト	բարի գալուստ
Yes. No.	Ayo. Voč'. アヨー ヴォチ	Այո ոչ

数詞	発音	表記
one	mek メク	մեկ
two	yerku イェルクー	երկու
three	yerek' イェレク	երեք
four	č'ors チョルス	չորս
five	hing ヒンク	հինգ
six	vec' ヴェツ	վեց
seven	yot' ヨット	յոթ
eight	ut' ウット	ութ
nine	inë イヌ	ինը
ten	tasë タス	տասը

41 ヒンズー語　Hindi

　インドには主な言語が15あり、2つの共通語がある。その1つが連邦の公用語ヒンズー語で、もう1つは英語だ。

　ヒンズー語はサンスクリット語が母体で、インド・ヨーロッパ語族に属している。したがって最終的には、英語やフランス語、ロシア語などと関連があることになる。

　インドの独立後、ヒンズー語は公用語として選ばれ、国内で使われるようになった。もともとヒンズー語は、デリーの北東部のカリー・ボーリー方言である。

　ヒンズー語は慣習上、デーヴァナーガリー文字で書かれる。そして、この言語の大まかな構造は、主語、目的語そして動詞の簡単なもの。しかし、ヒンズー語は性別のある言葉で、形容詞、動詞が、それぞれの名詞の性別を受け変化する。同じく発音も名詞の性別を受けて変化する。

インドのタージマハル

19. 外国語はこんなにたくさん

ヒンズー語をローマ字表記したときの12の母音の発音は次のとおり。

a = u（英語の b<u>u</u>t）
aa = a（英語の f<u>a</u>ther）
i = i（英語の b<u>i</u>t）
ii = ee（英語の m<u>ee</u>t）
u = u（英語の p<u>u</u>t）
uu = oo（英語の b<u>oo</u>t）
e = e（英語の b<u>e</u>t）
ee = ai（英語の b<u>ai</u>t）
o = o（英語の c<u>o</u>rn）
oo = oa（英語の b<u>oa</u>t）
ai = a（英語の b<u>a</u>t）
au = ow（英語の n<u>ow</u>）

次のページの表を少し補足しておこう。
"Thank you very much." は "Bahút bahút dhányjavaad." と言う。

英語の "Mr." は "Shríi", "Sir" は "Shríimaan", "madam" は "shriimatíijii", "ladies and gentlemen" は "sannáariyõõ áur purushõ̀õ̀" である。

挨拶として載せてはあるが, "Good night." の挨拶は普通の家庭では言わない。

ヒンズー語

挨拶

英語	発音	表記
Thank you.	ダニヤヴァアド Dhányavaad.	धन्यवाद
You are welcome.	コオイイ バアト ナヒイ Kóoii báat nahī̃ī.	कोई बात नहीं।
Good morning.	ナマステー Namástee.	नमस्ते जी जानी
Good afternoon.	ナマステー Namástee.	नमस्ते जी जानी
Good evening.	ナマステー Namástee.	नमस्ते जी जानी
Good night.	ナマステー Namástee.	नमस्ते जी जानी
Good-bye.	ナマステー Namástee.	नमस्ते जी जानी
How are you?	アアプ カイセー ハイ Áap káisee hā̃i ?	आप कैसे हैं ?
Fine, thank you.	アアプ キ クリパア ハエ Aap ki kripaa hae マエ マツエ メ フ mae maze me hu.	आप की कृपा है। मैं मज़े में हूँ।
Excuse me.	マアフ キジエ Mãaf kíjiyee.	माफ कीजिए
Please.	クリパヤア Kripayáa.	कृपया
Yes. No.	ハア ナヒイ Hā́a. Nahī̃ī.	हाँ. नहीं.

数詞

		発音		表記	
one	six	エーク éek	チエー chée	एक	छे
two	seven	ドオ dóo	サアト sáat	दो	सात
three	eight	ティイン tíin	アアス áath	तीन	आठ
four	nine	チャアル cháar	ナウ náu	चार	नौ
five	ten	パアチ pā́ach	ダス dás	पाच	दस

42 タミル語　Tamil

　インドには共通語であるヒンズー語と英語のほか，多様な方言が存在し，その数は2000語程度あるとも言われている。インドは，その地に芽生えたドラヴィダ語族とインド・ヨーロッパ語族の諸言語に加えて，中東及びヨーロッパの言葉を取り込んだ言語的な豊かさを誇りとしている。

　タミル語は，主に南インドやスリランカの北部に住むタミル人に話される言語だ。言語系統としては，ドラヴィダ語族に属する。

　ネイティブスピーカーは7000万人いて，第二言語としては約800万人に話されている。話者のほとんどは，南インドとスリランカの北部沿岸に居住している。また，シンガポールにおいても公用語の1つであり，その隣国マレーシアでも，公用語ではないが，多くの話者がいる。

　同じドラヴィダ語族に，マラヤーラム語というものがあるが，タミル語と非常に近い系統の言語であるにもかかわらず，相互理解は難しい。語彙を比較すると，マラヤーラム語はサンスクリット語からの借用語が多いのだが，タミル語はそれが少ないのだ。

　ちなみにサンスクリット語は，インド・ヨーロッパ語族に属しており，ヒンズー教の祭礼や儀式で重要な位置を占める言語だ。インドの憲法第8付則において，政府が文化的発展を促進すべき言語として指定されている。しかしながら，日常の会話ではほとんど使用されていない。

タミル語

挨拶	発音	表記
Thank you.	Naṉṟi. (ナンリ)	நன்றி.
You are welcome.	Nīṅkaḷ varavēṟkiṟēṉ. (ニンガル ヴァラヴェルキレン)	நீங்கள் வரவேற்கிறேன்.
Good morning.	Kālai vaṇakkam. (カーライ ヴァナカム)	காலை வணக்கம்.
Good afternoon.	Matiya vaṇakkam. (マチヤ ヴァナカム)	மதிய வணக்கம்.
Good evening.	Mālai vaṇakkam. (マーライ ヴァナカム)	மாலை வணக்கம்.
Good night.	Iravu vaṇakkam. (イラヴ ヴァナカム)	இரவ வணக்கம்.
So long.	Nīṇṭa. (ニーンタ)	நீண்ட.
How are you?	Eppaṭi irukkiṟīrkaḷ? (エパティ イルキリールカル)	எப்படி இருக்கிறீர்கள்?
Fine.	Naṉṟāka. (ナンラーカ)	நன்றாக.
Excuse me.	Eṉṉai maṉṉiyuṅkaḷ. (エンナイ マンニユンカル)	என்னை மன்னியுங்கள்.
Please.	Tayavu ceytu. (タヤヴ ゼイトゥ)	தயவு செய்து.
Yes. No.	Ām. Illai. (アーム イルライ)	ஆம். இல்லை.

数詞	発音	表記
one	Oṉṟu (オンル)	ஒன்று
two	Iraṇṭu (イランツ)	இரண்டு
three	Mūṉṟu (ムーンル)	மூன்று
four	Nāṉku (ナーング)	நான்கு
five	Aintu (アインツ)	ஐந்து
six	Āṟu (アール)	ஆறு
seven	Ēḻu (エール)	ஏழு
eight	Eṭṭu (エトゥ)	எட்டு
nine	Oṉpatu (オンパトゥ)	ஒன்பது
ten	Pattu (パトゥ)	பத்து

43 アラビア語　Arabic

　アラビア語は、6世紀の古典アラビア語を祖語に持つと考えられている。イスラム圏の拡大によって、中近東地域、果ては西のスペインまで広がった。アフロ・アジア語族に属し、現在ネイティブスピーカーは2億9000万人。

　アラビア語は、イスラムの経典コーランを通してイスラム教徒との結合によって育まれた。コーランは、アラビア語の文字を話し言葉として1つにまとめ、アラビア人たちに布教された。アラビア語を話す人々の多くは、イスラム教徒で、彼らが、家族にコーランを学ぶよう勧めていったこともあって、多くの人々に広まった。

　サウジアラビア、エジプト、その他、中近東一帯の国々で使われるアラビア語は、外国人にとっては難しい言語の1つになる。しかし、アラビア人たちにとっては、集団伝達用語として成り立っている。

　アラビア語の書き方や読み方は、左から右へではなく、右から左へと移行する。芸術性を持つ美しいアラビア文字は、芸術品や建造物の装飾や掛け軸のようなものの模様にも使われてきた。

　英語やスペイン語にはアラビア語が語源である単語が結構たくさんある。化学や数学をはじめとして、アラビア人たちは、西洋の文化に大きく影響を与えている。

英語		アラビア語
admiral 海軍提督	←	amiral bahr （海の君主）
alcohol アルコール	←	al kohl （アンチモン）
hashish 大麻の呼び名	←	hasheesh （乾いた草）
harem 後宮	←	haraam （〜を禁止する）
coffee コーヒー	←	qahwa （コーヒー）
sugar 砂糖	←	sukkar （砂糖）
camel ラクダ	←	jamal （ラクダ）

　他人と会話する時，欧米人は体の距離をある程度保って話をするが，アラビア人，地中海南部の民族は顔がつくほど近づいて話をするという特徴がある。

　280ページの表の挨拶を補足しておこう。

　"Good-bye."の言い方には"Bikhaatirkum."というのもある。

　1人の男性に向かって言う"Please"には"Tafaddal"という言い方もある。1人の女性に対しては"Tafaddali"，複数の人々に対しては"Tafaddalu"となる。この言い方の場合，適当な動作を付けることによって様々な意味を持た

19. 外国語はこんなにたくさん

せられる。

　例えば「どうぞ，おすわりください」「どうぞ，お取りください」「どうぞ，お入りください」等々である。

単独形	名称	発音	単独形	名称	発音
ا	アリフ	å	ض	ダード	ḍ
ب	バー	b	ط	ター	ṭ
ت	ター	t	ظ	ザー	ẓ
ث	サー	ṯ	ع	アイン	å
ج	ジーム	j	غ	ガイン	ḡ
ح	ハー	ḥ	ف	ファー	f
خ	カー	k̲	ق	クァーフ	q
د	ダール	d	ك	カーフ	k
ذ	ザール	ḏ	ل	ラーム	l
ر	ラー	r	م	ミーム	m
ز	ザーイ	z	ن	ヌーン	n
س	シーン	s	ه	ハー	h
ش	シィーン	š	و	ワウ	w
ص	サード	ṣ	ى ي	ヤー	y

(文字の形は，語頭，語中，語尾で変わるが，単独形のみ示した)

アラビア文字

アラビア語

挨拶	発音	表記
Thank you.	Shukran. (シュクラン)	شكرا ،
You are welcome.	'afwan. (アフワン)	غوا ،
Good morning.	Sabaah alkhayr ya. (サバアー アルカイル ヤ)	صباح الخير يا
Good afternoon.	Assalam 'alaykum. (アサラム アライクム)	ٱلسَّلَامُ عَلَيْكُمْ ،
Good evening.	Masaa' alkhayr ya. (マサア アルカイル ヤ)	مَسَاءُ ٱلْخَيْرِ ،
Good night.	Tusbih 'ala khayr. (ツスビー アラ カイル)	تُصْبِحْ عَلَى خَيْرٍ ،
Good-bye.	Ma'a ssalaama. (マ アサラアマ)	مع السلامة ،
(返事)	Allah isalmak. (ア ライサルマク)	الله يسلمك ،
How are you?	Kiif haalak ya sayyidi? (キイフ ハアラク ヤ セイイィディ)	كيف حالك يا سيدي؟
Fine, thank you.	'alhamd lillah 'ana bikhayr. (アルハムドリラ アナ ビカイル)	ٱلْحَمْدُ لِلَّهِ أَنَا بِخَيْرٍ ،
Excuse me.	'afwan. (アフワン)	غوا
Please.	Min fadlak. (ミンファドラク)	من فضلك ،
Yes. No.	Na'am. La. (ナアム ラ)	لا / نعم

数詞	発音		表記	
one six	waahid (ワヒド)	sitta (シタ)	واحد	ستة
two seven	thnayn (スナイン)	sab'a (サベ)	اثنين	سبعة
three eight	thalaatha (サラアサ)	thamaanya (サマアンヤ)	ثلاثة	ثمانية
four nine	arba'a (アルバア)	tis'a (ティスア)	اربعة	تسعة
five ten	khamsa (カムサ)	'ashra (アシュラ)	خمسة	عشرة

44 スワヒリ語　Swahili

　スワヒリ語は，純正なアフリカの言語の中で最も重要な言語であり，東部と中央アフリカの人々に理解される。バンツー語が基本になっており，正式には「キー・スワヒリ」と呼ばれる。その意味は「海岸の言語」。

　最近，国際的な言語としての地位を定着させたこの言語は，ケニア，タンザニア，ウガンダ，ザイール，マラウィなどの公用語である。

　表現力に富み，しかも音楽的なスワヒリ語は，現在，約1億5000万人のアフリカの人々によって話されている。

　スワヒリ語は綴り通り，全ての母音，子音が発音されるので学びやすい。また，最後から2番目のシラブルが強く発音される。

　映画や旅行案内，宣伝などを通して，日本語の中に結構たくさんのスワヒリ語が入ってきている。例えば，「サファリ」は「旅行」，「シンバ」は「ライオン」，「アスカリ」は「兵士」といった意味である。

　表の挨拶語に補足しよう。

"Thank you very much." は "Asante sana." となる。"Mr." は "Bwana" となる。したがって，"Mr. Juma" なら "Bwana Juma" である。"Sir" も "Bwana"，"Madam" は "Bibi"。

挨　拶	スワヒリ語
Thank you.	Asante.〔アサンテ〕
You are welcome.	Si kitu.〔シキツ〕
Good morning.	Hujambo.〔フジャムボ〕
Good afternoon.	Hujambo.〔フジャムボ〕
Good evening.	Hujambo.〔フジャムボ〕
Good night.	Nakwenda kulala.〔ナクウェンダ クララ〕
Good-bye.	Kwa heri.〔クワ ヘリ〕
How are you?	U hali gani?〔ウ ハリ ガニ〕
Fine, thank you.	Sijambo.〔シジャムボ〕
Excuse me.	Niwie radhi.〔ニウィ ラディ〕
Please.	Tafadhali.〔タファダリ〕
Yes. No.	Ndiyo. La.〔ンディヨ　ラ〕

数　詞			
one	*six*	moja〔モジャ〕	sita〔スィタ〕
two	*seven*	mbili〔ムビリ〕	saba〔サバ〕
three	*eight*	tatu〔タツ〕	nane〔ナネ〕
four	*nine*	nne〔ヌネ〕	tisa〔ティサ〕
five	*ten*	tano〔タノ〕	kumi〔クミ〕

45 中国語　Chinese

　中華人民共和国の人口約13億7000万人のための公用語で、その他では台湾の2340万人、そして南西アジア、アメリカなど世界中の中国人移民の人々が使う。

　多くの地方語がある中、中国語で"Hànyǔ"という漢語（北京語）が、中国人の約85％が話す公用語になる。漢語は中華人民共和国の教育に使われている。

　その他の中国語の地方語の中で、最も重要なものは広東語（カントン）（広東省、香港そして米国を含む海外）、呉語（上海地方）、閩語（びん）（福建省、台湾、シンガポール）、客家語（ハッカ）（広東の一部、広西壮族自治区、福建省、台湾）と続く。広東語、呉語、閩語は5000万人以上の人々に使われているという（次ページの表を参照）。

　また、漢字は、絵文字から発展した文字が多く、いくつかの文字が合わさって違う意味の文字に変化してゆく。これは日本人なら、理解しやすいだろう。例えば、「女」と「子」が合わさると「好」になる。しかし、このように簡単に想像できない文字もたくさんある。

　中国語の文法は比較的簡単で、英語のように語順で意味がきまり、格の変化や活用はない。中国語の場合、大切なことは、発音のトーンで、漢語には四声（しせい）といって4つの違うトーンがある。

　例えば、

1. 平坦に発音する[mā]は,「母親」の意味になる。
2. 質問調に語尾を上げて発音する [má] は,「麻」の意味になる。
3. 少し伸ばして発音し,下がって上がる [mǎ] は,「馬」の意味になる。
4. 命令調に発音する語尾下がりの [mà] は,「叱る」の意味になる。

表を少し補うと, "Thank you very much." は "Tài xièxie nǐ"(太謝謝你), "Fine, Thank you." は "Wǒ hěn hǎo."(我很好)ともいう。"Mr." は "xiānsheng"(先生), すなわち, 例えば "Mr. Lee" は "Lǐ xiānsheng"(李先生)という。

	英語名	中国語名	話者数(百万人)
標準語	Mandarin	官話, 漢話, 北方話	848
呉語	Wu	呉語, 呉越語	77
広東語	Cantonese, Yue	廣東話, 粤話	60
閩語	Min	閩話	71
客家語	Hakka	客家話	30

主な中国語の種類

19. 外国語はこんなにたくさん

中国語

挨拶	発音	表記
Thank you.	Xièxie nǐ. (シェーシェー ニ)	謝謝你.
You are welcome.	Bú kèqi. (ブー クーチ)	不客氣.
Good morning.	Zǎo'ān. (ヅォウアン)	早安.
Good afternoon.	Wǔ'ān. (ウーアン)	午安.
Good evening.	Wǎn'ān. (ワーンアン)	晚安.
Good night.	Qǐng xiūxi ba. (チィン シウシ バ)	請休息吧.
So long.	Zàijiàn. (ヅァイチェン)	再見.
How are you?	Nǐ hǎo ma? (ニ ハウ マ)	你好嗎？
Fine, thank you.	Hǎo, xièxie. (ハウ シェーシェー)	好, 謝謝.
Excuse me.	Duìbuqǐ. (トェィブチーイ)	對不起.
Please.	Qǐng. (チィン)	請.
Yes. No.	Shì. Búshì. (シー ブーシー)	是. 不是.

数詞	発音	表記
one	yī (イー)	一
two	èr (アル)	二
three	sān (サン)	三
four	sì (スー)	四
five	wǔ (ウー)	五
six	liù (リョウ)	六
seven	qī (チー)	七
eight	bā (バー)	八
nine	jiǔ (ヂャウ)	九
ten	shí (シー)	十

46 韓国語　Korean

　韓国語は，朝鮮半島に住む約7700万人以上の人々と，アメリカ，ハワイや日本に定住する韓国人によって話されている言葉だ。

　他の言語との関連性が不明の言語ではあるが，多くの歴史言語学者は，韓国語を独立した言語だと分類している。中には，アルタイ語族との関連性について議論する学者もいる。

　韓国語の単語の多くは，長い年月にわたり中国からの影響を受けているものが多い。しかし，中国語のような音の上がり下がりのある言語ではなく，発音は簡単でわかりやすい。東アジアや米国では，韓国語の重要性が認められてきている。

　語順が基本的に日本語と同じなので，日本人にとってはもっとも習得しやすい外国語の１つである。

　右の表を少し補足しよう。

"Thank you very much." は "Taedanhi komapsûpnida" という。"Mr." は "ssi"，したがって，例えば "Mr. Jones" は "Jones ssi" となり，日本語で「ジョーンズさん」というのと語順が同じである。"sir" は "sônsaengnim"，"madam" は "puin"，"ladies and gentlemen" は "yôrôbun" という。

19. 外国語はこんなにたくさん

韓国語

挨拶	発音	表記
Thank you.	カムサハムニダ Kamsahamnida.	감사합니다.
You are welcome.	チョンマネヨ Ch'ŏnmaneyo.	천만에요.
Good morning.	アンニョンヒ Annyŏnghi チュムショッスムニカ Chumusŏssûmnikka.	안녕히 주무셨습니까?
Good afternoon.	アンニョンハシムニカ Annyŏng hasimnikka.	안녕하십니까?
Good evening.	アンニョンハシムニカ Annyŏng hasimnikka.	안녕하십니까?
Good night.	アンニョンヒ チュムセヨ Annyŏnghi chumuseyo.	안녕히 주무세요.
Good-bye.	アンニョンヒ カシプシオ Annyŏnghi kasipsio.	안녕히 가십시오.
How are you?	オットッケ チネシムニカ Ŏttôk'e chinesimnikka.	어떻게 지내십니까?
Fine, thank you.	トクブネチャルイスムニダ Tŏkpune chal issûmnida.	덕분에 잘 있습니다.
Excuse me.	チェソンハムニダ Chwesong hamnida.	죄송 합니다.
Please.	オソ Ôsô.	어서.
Yes. No.	ネ アニヨ Ne. Anyo.	네. 아뇨.

数詞	発音	表記

( )内は漢数詞

		発音		表記	
one	six	ハナ イル hana (il)	ヨソッ ユク yôsôt (yuk)	하나 (일)	여섯 (육)
two	seven	トゥル イ tul (i)	イルゴプ チル ilgop (ch'il)	둘 (이)	일곱 (칠)
three	eight	セッ サム set (sam)	ヨドル パル yôdôl (p'al)	셋 (삼)	여덟 (팔)
four	nine	ネッ サ net (sa)	アホップ ク ahop (ku)	넷 (사)	아홉 (구)
five	ten	タソッ オ tasôt (o)	ヨル シプ yôl (sip)	다섯 (오)	열 (십)

47 インドネシア語　Indonesian

　インドネシア語は，インドネシア（人口２億5300万人）の公用語。厳密には，島々の言語とインドネシア語（バハサ・インドネシア語）に分けることができるが，総じてインドネシア語と呼ばれている。

　これらの言語は，政治，教育面に重要な位置を占めてきている。インドネシア語は，マレー語と似ており，マレー人のほか，シンガポール，タイなどの人々にも使われている。現在，ネイティブスピーカーは2300万〜4300万人，総話者数はおよそ２億800万人いると推定され，世界中の言語の中でも，使用人口が多い言語の１つだ。

　インドネシア語の母音は，日本語の母音のアイウエオと同じで，日本人にとって第一外国語としては英語よりも簡単と言われている。実際，いくつかの例外を除き，書き文字通り読むことができる。

　例えば，"j" は英語の "y" のような発音をし，"dj" は "j" のような発音をする。

　それにあなたは，もうすでにいくつかのインドネシア語に親しんでいる（ただ，それらの言葉の語源を知らないだけなのだ）。

　"Orangutan" を例に挙げてみよう。"Orang" の意味は「人」で，"Utan" は「森の」にあたる。つまりオランウータンの語源はインドネシア語で，「森の人」という意味に

19. 外国語はこんなにたくさん

なる。

また，昔，"Mata Hari" という名前の有名な女性スパイがいたが，"Mata" とは「目」を意味し，"Hari" は「日」または「太陽」を意味する。

もっとよく聞く言葉では，"Bambu"「竹」などがある。

次のページの表の挨拶を補足しよう。

"Thank you very much." は "Banyak terima kasih." である。"Mr." は "saudara"，したがって "Good morning Mr. Jones." は "Selamat pagi saudara Jones." という。"madam" は "nyonya"，"ladies and gentlemen" は "saudara-saudara" である。

バリ島の民族芸能，ケチャ

インドネシア語

挨 拶	
Thank you.	Terima kasih. (トゥリマ カシ)
You are welcome.	Terima kasih kembali. (トゥリマ カシ クムバリ)
Good morning.	Selamat pagi. (スラマッ パギ)
Good afternoon.	Selamat sore. (スラマッ ソレ)
Good evening.	Selamat malam. (スラマッ マラ)
Good night.	Selamat tidur. (スラマッ ティドゥール)
Good-bye.（主人側が言う時）	Selamat jalan. (スラマッ ジャラン)
（客側が言う時）	Selamat tinggal. (スラマッ ティンガル)
How are you?	Apa kabar? (アパ カバール)
Fine, thank you.	Terima kasih, khabar baik. (トゥリマ カシ カバル バイ)
Excuse me.	Maaf. (マアフ)
Please.	Silahkan. (シラカン)
Yes. No.	Ya. Tidak. (ヤ ティダ)

数 詞			
one	six	satu (サトゥ)	enam (ウナム)
two	seven	dua (ドゥア)	tujuh (トゥジュ)
three	eight	tiga (ティガ)	delapan (ドゥラパン)
four	nine	empat (ウムパッ)	sembilan (スムビラン)
five	ten	lima (リマ)	sepuluh (スプル)

48 タガログ語 Tagalog

　いくつかあるフィリピン語の中で中心となる言語がタガログ語で，英語と同様フィリピンの公用語となっている。

　第一言語として話す人は2800万人おり，話者数は世界に7300万人いると推定される。もともとインドネシア語に強く類似しているが，多民族の言語の影響が非常に強く，インド語，アラビア語，中国語，スペイン語，英語から吸収して今日ではタガログ語とみなされているものも多い。

　タガログ語は，発音どおりのローマ字で書かれている。母音の上にアクセントのしるしがつく。曜日，月名，食器，時間，色彩名など，スペイン語の影響が非常に強い。

　フィリピン人は，中国人の胃と，スペイン人の心とアメリカ人の頭を持っていると表現する人がいるが，これは，マゼランが来てからスペイン領となり，多民族が出入りした歴史と文化の影響を表している。

　私は，この言語はニューヨークに来てから学んだ。

　次のページの表の挨拶に追加すると，"Thank you very much." は "Maraming salámat." という。"Mr." は "Ginoóng" である。

　"sálamat pô"，"mabuté pô"，"Opô" など，文尾に pô をつけると，目上，年配者に対する敬意の表現になる。

挨拶 / タガログ語

English	Tagalog	よみ
Thank you.	Salámat pô.	サラマ ポ
You are welcome.	Walang anó man.	ワラン アノ マン
Good morning.	Magandáng umága sa inyo.	マガンダン ウマガ サ インヨ
Good afternoon.	Magandáng hápon sa inyo.	マガンダン ハポン サ インヨ
Good evening.	Magandáng gabi.	マガンダン ガビ
Good night.	Paálam.	パアラム
Good-bye.	Paálam.	パアラム
How are you?	Kumustá kayo pô?	クムスタ カヨ ポ
Fine, thank you.	Mabuté pô., Salámat pô.	マブテ ポ サラマ ポ
Excuse me.	Patáwad pô.	パタワド ポ
Please.	Pakisuyò.	パキスヨ
Yes. No.	Oō. Hindi.	オオ ヒンディ

数詞

English	Tagalog	よみ
one	isa	イサ
two	dalawa	ダラワ
three	tatló	タトロ
four	ápat	アパト
five	limá	リマ
six	ánim	アニム
seven	pitó	ピト
eight	waló	ワロ
nine	siyám	シャム
ten	sampû	サンプ

19. 外国語はこんなにたくさん

49　タイ語　Thai

　タイは，大きく中央部，北部，北東部，南部と4つの地方に分けることができ，それぞれの地方に独特の方言がある。しかし，公用語は中央部で使われているタイ語で，義務教育機関でも使われている言葉である。そのため，現在では全地域で使われている。

　タイ語は44文字で，基本の母音と，3つのトーンを持つ子音，5つのトーンのイントネーションで形成されている。読み書きは，英語やフランス語などと同様で，左から右へ上から下へ移行していく。

主な特徴を以下に示そう。
1．タイ語は，2つ以上の音節からなり，1つの単語の中の音節を単純にハイフンでつなぎ複合語を作る。
2．タイ語を話す時は，それぞれの音節の語を同様に強調しなければならない。
　　したがって母音，子音はトーンをはっきり作ることができ，多くの語尾の変化を必要としない。
3．タイ語には，英語にはない子音がいくつかある。
　　例えば，"ng"，"t"，"b"，"p" は，英語と異なる発音をする。タイ語の音声教材を聞いていただきたい。
4．母音では，単一のもの，合わさったものの中に英語に似た発音を見つけることができる。
　　例えば，"a" は英語の "mama" のように発音する。

"ae" は "<u>ai</u>r" のように発音する。

"e" は "p<u>e</u>n" または "m<u>e</u>" のように発音する。

5. 英語の "sir" や "madam" などの敬称は，タイ語の場合，男性は "krab"（"club" のような発音をする）と言い，女性の場合は "ka" をつける。

したがって，"madam" は "krab, ka" となる。"Mr." は "kun" だから "Mr. Dang" は "kun Dang" となる。

6. 英語の "I" にあたる言葉は男性の場合，"bohm"，女性の場合 "de-chan" になる。

表の挨拶に加えると，"Thank you very much." は，"Kohb kun MARK." という。"ladies and gentlemen" は "su-BARB sut-TREE lae su-BARB burus." である。

数詞は日本語の数詞と同じく，合理的で覚えやすい。

10が "sib" で11が "SIB-ed"，以下 "SIB" に2〜9までを付けて12から "SIB-song"，"SIB-sarm"，"SIB-seeh"，"SIB-har"，"SIB-hok"，"SIB-jed"，"SIB-pad"，"SIB-kow"，20は "YEE-sib"，21は "YEE-SIB-ed"，22が "YEE-SIB-song" という具合である。

（以上の表記では，強調して強く発音される部分を大文字で表記してある）

19. 外国語はこんなにたくさん

タイ語

挨拶	発音	表記
Thank you.	KOB kun. (コブ クン)	ขอบคุณ
You are welcome.	MI ben ri me-di. (ミ ベンリ メディ)	ไม่เป็นไรมิได้
Good morning.	sa-was-DEE. (サ ワス ディー)	สวัสดีคุณแดง
Good afternoon.	sa-was-DEE. (サ ワス ディー)	สวัสดีคุณแดง
Good evening.	sa-was-DEE. (サ ワス ディー)	สวัสดีคุณแดง
Good night.	sa-was-DEE. (サ ワス ディー)	สวัสดีคุณแดง
Good-bye. (主人側が言う時)	sa-was-DEE. (サ ワス ディー)	สวัสดี
(客側が言う時)	lah KON. (ラー コン)	ลาก่อน
How are you?	sa-BAI DEE roo? (サ バイ ディー ル)	สบายดีหรือ
Fine, thank you.	sa-BAI DEE KOB kun. (サ バイ ディー コブ クン)	สบายดีครับ ขอบคุณ
Excuse me.	kor TODE. (コル トデ)	ขอโทษ
Please.	prode. (プロデ)	โปรด
Yes.	krab, ka. (クラブ カ)	ครับ, ค่ะ
No.	me-DI(mi-CH). (メディ(マイチャ))	มิได้ (ไม่ใช่)

数詞		発音		表記	
one	six	nung (ヌング)	hok (ホク)	หนึ่ง	หก
two	seven	song (ソング)	jed (イェド)	สอง	เจ็ด
three	eight	sarm (サルム)	pad (パド)	สาม	แปด
four	nine	seeh (シー)	kow (コウ)	สี่	เก้า
five	ten	har (ハール)	sib (シブ)	ห้า	สิบ

50 ベトナム語　Vietnamese

　7500万人以上の人々に話されているベトナム語は，ベトナム社会主義共和国の公用語であり，アメリカやその他の国々に亡命した多くの移民の人々にも使われている。

　ベトナムやその周辺のインドネシアなどは，地理的な関係からも，言語や文化は，中国やインドといったアジアの大国から多くの影響を受けている。中国は長い間ベトナムを支配し，その間，インドはビルマ（現ミャンマー）を，タイはカンボジアを支配し続けていた。ところが，ベトナム語は中国語系ともインド系とも言いにくい。

　ベトナム語には，いくつか地方語があるが，ほとんどが方言と呼べるレベルのものである。美しい標準語は，ハノイに住む教育を受けた人々の話す言葉とされている。

　表の挨拶に1つ追加すると，"Thank you very much." は "Xinn cám o'n ông lắm lắm." という。

　ベトナム語は，英語のアルファベットと同じラテン文字（ローマ字）で表記される。

19. 外国語はこんなにたくさん

ベトナム語

挨拶	
Thank you.	Cám ơn ông. カム オン アウム
You are welcome.	Tôi không dám. トイ ハウム ヤム
Good morning.	Chào ông. チャオ アウム
Good afternoon.	Chào ông. チャオ アウム
Good evening.	Chào ông. チャオ アウム
Good night.	Chào ông. チャオ アウム
Good-bye.	Xin tam biêt. ヒン タム ビエト
How are you?	Ông manh giỏi chớ? アウム マン ヨイ チオ
Fine, thank you.	Nhờ Trời tôi khoẻ. ヌ ホ トロイ トイ ホエ
Excuse me.	Xin lỗi ông. ヒン ロイ アウム
Please.	Xin ông làm ơn. ヒン オン ラム オン
Yes. No.	Thư a có. Thư a không. ス ア コ ス ア ハウム

数詞

one	môt モト	six	sáu シアウ
two	hai ハイ	seven	bảy ベイ
three	ba バ	eight	tám タム
four	bốn ボン	nine	chín チン
five	năm ナム	ten	mười ムオイ

297

20

語学学習で人生をステップアップ

多くの外国語を話せて何が得られたか

現代は,世界の政治や経済状況が目まぐるしく変わってきており,多くの人が活躍できる舞台や市場が世界中に広がってきている。外国語の需要は必然的に多くなり,英語のみならず,多くの外国語を操れることが必要となってきた。国連で,同時通訳者は6ヵ国語くらい話せないと一人前として扱ってもらえないとか,各方面で外国語習得の話を聞くようになった。

私自身,外国語を話せるようになって,外国の専門分野のみならず一般の話題や知識が豊富になった。まして,世界中に友達を持てたことは,私には知識以上にかけがえのない大切なことだと思っている。

私の外国語学習の歩みを振り返ってみると,私は語学を学ぶことから人生のノウハウを教えてもらったような気がする。私にとって,外国語の学習も医者としての仕事も私の生き方も,すべて同じ方向性を持っている。「自分の人

20. 語学学習で人生をステップアップ

生は自分の好きなように，悔いなく送りたい」というのが私の人生訓で，私はこの自分自身の信念に沿うよう努力してきた。

誰でも同じように，私にとっても外国語の習得は，とても大変なことだった。本業に追われ，思うように時間が取れなかったこともある。疲れて暗記がうまくできず，嫌になるほど繰り返したこともある。しかし，私は諦めなかった。私は，「自分は絶対にできるんだ」と確信していたし，それにもまして外国語が好きだった。

意識せずに「自分は勝つ」と信じ込んでしまうと，それはもうすでに「勝っていること」になると言語学者のS・I・ハヤカワ（Dr. Hayakawa）は言っている。綱渡りでも「もし落っこちたらどうしよう」と思うと落ちてしまい，「落ちない」と思っている限り落ちることはないと言われている。これは，単に練習量だけではなく，自己暗示の結果でもある。

もし，消極的な人が積極的になりたかったら，意識的に前向きで強い意味の言葉を使い，自分がしようとしていること，言おうと思っていることをまず自分で信じることだと思う。

人の性格などは，考え方や言い方でいくらでも変えてゆくことができる。言い換えれば，ものの言い方一つを見るだけでも，その人の性格や送ってきた人生，収入の度合いなどが測れてしまう。その人の持つ知性や教養はすべて言葉に反映されるといっても過言ではない。

例えば，母国語だけしかできない人と話してみたのと，

外国語をマスターした人と話してみたのとを比べると，両者は著しく世界観が違っているように思える。同様に英語だけできる人と数ヵ国語できる人を比べても，世界観は異なっているように思う。確かに私の場合も，英語だけの文献に頼るよりも数ヵ国語の角度から理解するほうが，偏りのない自分の意見が持てたりする。

　アメリカ人の外交下手も，外国語を話せず外国人の考え方を知らない政治家のせいと言えるのかもしれない。

　24時間ニュースを放映するＣＮＮの創業者テッド・ターナー（Ted Turner）は，近年生まれた成功者として億万長者の一人に数え上げられている。彼は，アトランタのケーブルテレビを皮切りに，24時間ニュースだけを放映するテレビ局を始めた。スタートさせた当初，テレビ関係者たちは，こぞって彼のアイデアを嘲笑し，誰も彼が成功するとは思ってもみなかった。しかし，ＣＮＮはみごとに当たり，現在では世界的な大金持ちになった。

　彼のアイデアが勝利を生んだのか？　いや彼の生涯をかけた目標が勝利を生んだのだと言える。「地球上に平和をもたらすこと」と「地球上の貧困をなくすこと」の２つが彼の人生の目標である。「メディアによって異民族同士の相互理解ができ，戦争という惨事を避けることができるのではないだろうか。より正確な情報を敏速に全世界へ送り続けることで，人類の摩擦が回避できるのではないだろうか」というのが彼の意見であり，信念である。

前進，また前進の人生

"Think positive!"
"We can do it!"
"Nothing is impossible!"

などは，アメリカ人が最も好んで使う言葉だ。失敗を恐れず前進してゆくアメリカ人の国民性を表し，アメリカ主義とも言い換えることができるのが，これらの力強い言葉だ。私は，どんな人にも可能性がたくさんあると考え，挑戦する勇気を与えてくれるアメリカ気質が好きである。

私の今の目標は，「眼病のすべてが治せる医者になりたい」というものである。そのためには世界でいちばん進歩したテクニックを使いこなし，応用できるようになること。そして，世界中の医者たちの研究も勉強し，把握するような努力を自分自身に義務づけている。

私にはもっと豊富な手術の経験も必要だし，そのためには細かな手術に必要な反射神経も養わなければならない（眼科の手術には顕微鏡を使うので，目と両手，両足を同時に動かすことができなければならない）。今の私にとって，医学を勉強するための外国語と反射神経を養うスポーツは必要不可欠になってきている。たぶん，私は，生涯，外国語を勉強してゆくだろうし，全人生を医学に捧げてゆくと思う。

そして，このような人生を送ることができたのも，外国語の勉強を通して得たすべてのもののおかげであると思う。外国語の習得は，私に，人生に対するチャレンジの姿

勢を教えてくれた。
　私には，外国語のマスターは簡単なことだとは，けっして言うことはできない。
　しかし，外国語をマスターしたい人は，とにかくやってみること，続けること，楽しむこと。そして，その結果はやり遂げた人のみが感じることのできる，「本当に素晴らしいものだ」ということは断言できる。

参考文献

"Accelerated Learning Techniques" Tapes 1-8 : Spanish Ⅵ, U. S. Dept. of State, 1988

"Accelerated Learning Techniques" Tapes 9-15 : Spanish Ⅶ, U. S. Dept. of State, 1988

"Accelerated Learning-Spanish : Memory Tape Transcript Spanish Lessons 1-15 plus Introduction", Prof. Cassette Ctr., 1991

"The Berlitz Self-Teacher : Spanish", Editorial Staff, Grosset & Dunlap, 1972

"British English", Norman W. Schur, Harper Perennial, 1991

"Doing Business With The Japanese", Mitchell F. Deutsch, New American Library, 1985

"English-Spanish Guide for Medical Personnel", J. M. Armengol, M. D. & J. Amelar, M. D. & R. Amelar, M. D., Medical Exam. Publ. Co., 1960

"Everyday Phrases", Neil Ewart, Blandford Press, 1990

"Good English For Medical Writers", Ffrangcon Roberts, Wm. Heinemann Medical Book Ltd., 1990

"How to Learn A Foreign Language", Graham E. Fuller, Storm King Press, 1987

"Italian Without Words", D. Cangelosi & J. D. Carpini, Simon & Shuster Meadowbrook Press, 1989

"Just Listen 'n Learn French", Stephanie Rybak, Passport Books, 1984

"Just Listen 'n Learn Spanish", S. Truscott & J. G. Escribano,

Passport Books, 1984

"Language/30 : Arabic", Educational Service Corp., 1986
"Language/30 : Chinese", Educational Service Corp., 1989
"Language/30 : Czech", Educational Service Corp., 1986
"Language/30 : Danish", Educational Service Corp., 1974
"Language/30 : Dutch", Educational Service Corp., 1986
"Language/30 : Finnish", Educational Service Corp., 1986
"Language/30 : French", Educational Service Corp., 1989
"Language/30 : German", Educational Service Corp., 1989
"Language/30 : Greek", Educational Service Corp., 1986
"Language/30 : Hebrew", Educational Service Corp., 1986
"Language/30 : Hindi", Educational Service Corp., 1986
"Language/30 : Hungarian", Educational Service Corp., 1989
"Language/30 : Irish", Educational Service Corp., 1986
"Language/30 : Indonesian", Educational Service Corp., 1986
"Language/30 : Italian", Educational Service Corp., 1989
"Language/30 : Korean", Educational Service Corp., 1989
"Language/30 : Latin", Educational Service Corp., 1986
"Language/30 : Norwegian(2)", Educational Service Corp., 1989
"Language/30 : Persian", Educational Service Corp., 1986
"Language/30 : Polish", Educational Service Corp., 1986
"Language/30 : Portuguese(2)", Educational Service Corp., 1989
"Language/30 : Romanian", Educational Service Corp., 1989
"Language/30 : Russian", Educational Service Corp., 1989
"Language/30 : Serbo Croatian", Educational Service Corp., 1986
"Language/30 : Spanish", Educational Service Corp., 1989

"Language/30 : Swahili", Educational Service Corp., 1986

"Language/30 : Swedish", Educational Service Corp., 1986

"Language/30 : Tagalog(2)", Educational Service Corp., 1986

"Language/30 : Thai", Educational Service Corp., 1986

"Language/30 : Turkish", Educational Service Corp., 1989

"Language/30 : Vietnamese", Educational Service Corp., 1989

"Language/30 : Yiddish", Educational Service Corp., 1986

"Living French", Crown Publ.

"Living German", G. A. Martin & T. Bertram, Crown Publ., 1956

"Living Italian", Crown Publ.

"Living Spanish", R. Weinman & O. A. Sullar, Crown Publ., 1968

"The Making of An American Language", Mary Helan Dohan, Dorset Press, 1974

"Open Door to Spanish", Margarita Madrigal, Regents Publ. Co., (Simon & Shuster), 1959

"The Pocket Dictionary of American Slang", Compiled by : H. Wentworth & S. B. Flexner, Simon & Shuster, 1967

"Programmatic Spanish (Lessons 1-25)", Audio Forum

"Programmatic Spanish (lessons 26-45)", Audio Forum

"Rapid Vocabulary Builder", Norman Lewis, Perigee Books, 1988

"See It & Say It In French", M. Madrigal & C. Dulac, Signet, 1962

"Spanish Grammar", E. V. Greenfield, Harper & Row, 1972

"Spanish Made Simple", E. Jackson & A. Rubio, Doubleday, 1955

"Spanish-Programmatic Course Ⅵ", C. Cleland Harris & Assos., Foreign Service Inst. U. S. Dept. of State, 1967

"Spanish Study Tape Companion Book", Robt. Stockwell, et al,

Foreign Service Inst. U. S. Dept. of State, 1961

"Spanish The Easy Way", Ruth J. Silverstein, et al, Barron's Educ. Series, 1989

"Speak Read & Think Essential French", Pimsleur System, Sybervision, 1986

"Speak Read & Think Essential Spanish", Pimsleur System, Sybervision, 1986

"The Story of English", Robert McCrum, et al, Penguin Books, 1987

"The Story of Language", Mario Pei, Signet, 1984

"Teach Yourself Books-Latin", F. Kinchin Smith, David McKay Co., 1964

"Word Power Made Easy", Norman Lewis, Simon & Shuster, 1979

"30 Days To A More Powerful Vocabulary", Dr. W. Funk & N. Lewis, Simon & Shuster, 1971

『ニイハオ中国語』楊名時著, 明治書院, 1974

『20ヶ国語ペラペラ』種田輝豊著, 実業之日本社, 1969

『すぐに役立つ韓国語会話』李廣善著, 成美堂出版, 1993

『2ダースの言葉で2倍楽しめる海外旅行』北大医学部同窓会誌 1985, 児玉讓次著, 北海道大学医学部同窓会, 1985

N.D.C.807　　306p　　18cm

ブルーバックス　B-1947

50ヵ国語習得法
誰にでもできる、いまからでも間に合う

2015年11月20日　第1刷発行

著者	新名美次	
発行者	鈴木　哲	
発行所	株式会社講談社	
	〒112-8001 東京都文京区音羽2-12-21	
電話	出版　03-5395-3524	
	販売　03-5395-4415	
	業務　03-5395-3615	
印刷所	(本文印刷) 慶昌堂印刷株式会社	
	(カバー表紙印刷) 信毎書籍印刷株式会社	
製本所	株式会社国宝社	

定価はカバーに表示してあります。
© 新名美次 2015, Printed in Japan
落丁本・乱丁本は購入書店名を明記のうえ、小社業務宛にお送りください。送料小社負担にてお取替えします。なお、この本についてのお問い合わせは、ブルーバックス宛にお願いいたします。
本書のコピー、スキャン、デジタル化等の無断複製は著作権法上での例外を除き、禁じられています。本書を代行業者等の第三者に依頼してスキャンやデジタル化することはたとえ個人や家庭内の利用でも著作権法違反です。
Ⓡ〈日本複製権センター委託出版物〉複写を希望される場合は、日本複製権センター（電話03-3401-2382）にご連絡ください。

ISBN978－4－06－257947－6

発刊のことば

科学をあなたのポケットに

　二十世紀最大の特色は、それが科学時代であるということです。科学は日に日に進歩を続け、止まるところを知りません。ひと昔前の夢物語もどんどん現実化しており、今やわれわれの生活のすべてが、科学によってゆり動かされているといっても過言ではないでしょう。

　そのような背景を考えれば、学者や学生はもちろん、産業人も、セールスマンも、ジャーナリストも、家庭の主婦も、みんなが科学を知らなければ、時代の流れに逆らうことになるでしょう。

　ブルーバックス発刊の意義と必然性はそこにあります。このシリーズは、読む人に科学的に物を考える習慣と、科学的に物を見る目を養っていただくことを最大の目標にしています。そのためには、単に原理や法則の解説に終始するのではなくて、政治や経済など、社会科学や人文科学にも関連させて、広い視野から問題を追究していきます。科学はむずかしいという先入観を改める表現と構成、それも類書にないブルーバックスの特色であると信じます。

一九六三年九月

野間省一

ブルーバックス　趣味・実用関係書(I)

35	計画の科学	加藤昭吉
921	自分がわかる心理テスト	芦原睦/戴作監修
954	「超能力」と「気」の謎に挑む	天外伺朗
1032	フィールドガイド・アフリカ野生動物	小倉寛太郎
1045	40ヵ国語習得法	新名美次
1083	格闘技「奥義」の科学	吉福康郎
1112	頭を鍛えるディベート入門	松本茂
1150	音のなんでも小事典	日本音響学会=編
1223	姿勢のふしぎ	成瀬悟策
1229	超常現象をなぜ信じるのか	菊池聡
1231	「食べもの情報」ウソ・ホント	髙橋久仁子
1234	子どもにウケる科学手品77	後藤道夫
1236	図解 飛行機のメカニズム	柳生一
1240	ワインの科学	清水健一
1245	「分かりやすい表現」の技術	藤沢晃治
1258	男が知りたい女のからだ	河野美香
1273	もっと子どもにウケる科学手品77	後藤道夫
1284	理系志望のための高校生活ガイド	鍵本聡
1307	理系の女の生き方ガイド	宇野賀津子/坂東昌子
1331	これならわかるC++ CD-ROM付	小林健一郎
1335	リラクセーション	成瀬悟策
1346	図解 ヘリコプター	鈴木英夫
1352	確率・統計であばくギャンブルのからくり	谷岡一郎
1353	算数パズル「出しっこ問題」傑作選	仲田紀夫
1364	理系のための英語論文執筆ガイド	原田豊太郎
1366	数学版・これを英語で言えますか?	保江邦夫/E・ネルソン監修
1368	論理版「出しっこ問題」傑作選	小野田博一
1387	入試数学 伝説の良問100	安田亨
1407	『ネイチャー』を英語で読みこなす	竹内薫
1413	「分かりやすい説明」の技術	藤沢晃治
1418	「食べもの神話」の落とし穴	髙橋久仁子
1420	理系のための英語便利帳	倉島保美/榎本智子
1430	Excelで遊ぶ手作り数学シミュレーション	田沼晴彦
1433	大人のための算数練習帳	佐藤恒雄
1435	アミノ酸の科学	櫻庭雅文
1439	味のなんでも小事典	日本味と匂学会=編
1443	「分かりやすい文章」の技術	藤沢晃治
1444	超ひも理論とはなにか	竹内薫
1448	間違いだらけの英語科学論文	原田豊太郎
1452	流れのふしぎ	石綿良三/根本光正 日本機械学会=編
1453	大人のための算数練習帳 図形問題編	佐藤恒雄
1471	「日本語から考える英語表現」の技術	柳瀬和明

ブルーバックス　趣味・実用関係書 (II)

- 1474 クイズ　植物入門　田中　修
- 1478 「分かりやすい話し方」の技術　吉田たかよし
- 1488 大人もハマる週末面白実験　左巻健男/滝川洋二/こうのにしき=編著
- 1493 計算力を強くする　鍵本　聡
- 1513 猫のなるほど不思議学　岩崎るり子=監修/小山秀一=監修
- 1516 計算力を強くするpart2　鍵本　聡
- 1520 図解　鉄道の科学　宮本昌幸
- 1536 競走馬の科学　JRA競走馬総合研究所=編
- 1547 広桜　ハイレベル中学数学に挑戦　算数オリンピック委員会=監修/青木亮二=解説
- 1552 「計画力」を強くする　加藤昭吉
- 1557 やさしい統計入門　柳井晴夫/C・R・ラオ
- 1567 音律と音階の科学　田栗正章
- 1573 手作りラジオ工作入門　小方　厚
- 1574 怖いくらい通じるカタカナ英語の法則　西田和明
- 1579 図解　船の科学　池谷裕二
- 1584 理系のための人生設計ガイド　池田良穂
- 1596 理系のための口頭発表術　ロバート・R・H・アンホルト/鈴木炎/I・S・リー訳
- 1603 今さら聞けない科学の常識　朝日新聞科学グループ=編　坪田一男
- 1613 科学・考えもしなかった41の素朴な疑問　松森靖夫=編著
- 1614 料理のなんでも小事典　日本調理科学会=編
- 1623 「分かりやすい教え方」の技術　藤沢晃治

- 1625 やりなおし算数道場　歌丸優一=漫画/花摘香里=漫画
- 1629 計算力を強くする　完全ドリル　鍵本　聡
- 1630 伝承農法を活かす家庭菜園の科学　木嶋利男
- 1632 ビールの科学　サッポロビール価値創造フロンティア研究所=編
- 1636 理系のための法律入門　井野邊陽
- 1653 理系のための英語「キー構文」46　原田豊太郎
- 1656 今さら聞けない科学の常識2　朝日新聞科学グループ=編
- 1658 ウイスキーの科学　古賀邦正
- 1660 図解　電車のメカニズム　宮本昌幸=編著
- 1665 理系のための「即効!」卒業論文術　加藤ただし
- 1666 動かしながら理解するCPUの仕組み　CD-ROM付　中田　亨
- 1667 最新シミュレーターWindows/Vista対応　DVD-ROM　SSSP=編
- 1671 理系のための研究生活ガイド　第2版　坪田一男
- 1676 図解　橋の科学　土木学会関西支部=編/田中輝彦/渡邊英一=他
- 1679 住宅建築なんでも小事典　大野隆司
- 1688 武術「奥義」の科学　吉福康郎
- 1689 図解　旅客機運航のメカニズム　三澤慶洋
- 1693 傑作!　数学パズル50　小野田博一
- 1694 10歳からの論理パズル「迷いの森」のパズル魔王に挑戦!　小泓正直
- 1695 ジムに通う前に読む本　桜井静香
- 1696 ジェット・エンジンの仕組み　吉中　司

ブルーバックス　趣味・実用関係書(Ⅲ)

1698 スパイスなんでも小事典　日本香辛料研究会=編
1701 光と色彩の科学　齋藤勝裕
1702 男が知りたい女の「気持ち」　田村秀子
1707 「交渉力」を強くする　藤沢晃治
1708 クジラ・イルカ生態写真図鑑　水口博也
1709 院生・ポスドクのための研究人生サバイバルガイド　菊地俊郎
1714 Wordのイライラ根こそぎ解消術　長谷川裕行
1717 図解 地下鉄の科学　川辺謙一
1718 小事典 からだの手帖 (新装版)　高橋長雄
1721 図解 気象学入門　古川武彦
1725 魚の行動習性を利用する釣り入門　川村軍蔵
1726 仕事がぐんぐん加速するパソコン即効冴えワザ82　トリプルウィン
1732 人はなぜだまされるのか　石川幹人
1733 Excelのイライラ根こそぎ解消術　長谷川裕行
1734 図解 テレビの仕組み　青木則夫
1736 使い分けるパソコン術　たくきよしみつ
1739 マンガで読む「分かりやすい表現」の技術　カノウ=マンガ銀杏社=構成
1740 マンガで読む 計算力を強くする　がそんは=マンガ銀杏社=構成
1744 瞬間操作! 高速キーボード術　リブロワークス
1748 図解 ボーイング787 vs.エアバスA380　青木謙知
1752 数字で読み解くからだの不思議　竹内修二=監修 エディット=編修

1754 日本の土木遺産　土木学会=編
1755 振り回されないメール術　田村仁
1761 声のなんでも小事典　米山文明=監修 和田美代子
1762 完全図解 宇宙手帳 (宇宙航空研究開発機構)JAXA協力　渡辺勝巳
1763 エアバスA380を操縦する　キャプテン・ジブ・ヴォーゲル 水谷淳=訳
1769 入門者のExcel VBA　立山秀利
1771 呼吸の極意　永田晟
1773「判断力」を強くする　藤沢晃治
1777 たのしい電子回路　西田和明
1780 オリンピックに勝つ物理学　望月修
1783 知識ゼロからのExcelビジネスデータ分析入門　住中光夫
1784 確率・統計でわかる「金融リスク」のからくり　吉本佳生
1787 咳の気になる人が読む本　加藤治文/福島茂
1791 卒論執筆のためのWord活用術　田中幸夫
1793 論理が伝わる 世界標準の「書く技術」　倉島保美
1794 いつか罹る病気に備える本　塚﨑朝子
1796「魅せる声」のつくり方　篠原さなえ
1797 古代日本の超技術 改訂新版　志村史夫
1802 実例で学ぶExcel VBA　立山秀利
1806 新・天文学事典　谷口義明=監修
1807 ジムに通う人の栄養学　岡村浩嗣

ブルーバックス　趣味・実用関係書 (IV)

No.	タイトル	著者
1808	算数オリンピックに挑戦 '08〜'12年度版	算数オリンピック委員会＝編
1813	研究発表のためのスライドデザイン	宮野公樹
1814	牛乳とタマゴの科学	酒井仙吉
1817	東京鉄道遺産	小野田滋
1821	これでナットク！ 植物の謎Part2	日本植物生理学会＝編
1825	メールはなぜ届くのか	草野真一
1835	理系のためのExcelグラフ入門	金丸隆志
1837	ネットオーディオ入門	山之内正
1840	図解 首都高速の科学	川辺謙一
1845	古代世界の超技術	志村史夫
1847	論理が伝わる 世界標準の「プレゼン術」	倉島保美
1848	今さら聞けない科学の常識3 聞くなら今でしょ！	朝日新聞科学医療部＝編
1858	プロに学ぶデジタルカメラ「ネイチャー」写真術	水口博也
1863	科学検定公式問題集 5・6級	曽根悟
1864	新幹線50年の技術史	曽根悟
1866	暗号が通貨になる「ビットコイン」のからくり	吉田淳一郎＝監修 西田宗千佳＝著
1868	基準値のからくり	村上道夫／永井孝志／小野恭子／岸本充生
1869	おいしい穀物の科学	井上直人
1871	アンテナの仕組み	小暮裕明／小暮芳江
1877	山に登る前に読む本	能勢博
1879	火薬のはなし	松永猛裕
1881	プログラミング20言語習得法	小林健一郎
1882	「ネイティブ発音」科学的上達法	藤田佳信
1886	関西鉄道遺産	小野田滋
1887	小惑星探査機「はやぶさ2」の大挑戦	山根一眞
1890	ようこそ「多変量解析」クラブへ	小野田博一
1891	Raspberry Piで学ぶ電子工作	金丸隆志
1895	「育つ土」を作る家庭菜園の科学	木嶋利男

ブルーバックス 12cm CD-ROM付

BC01	太陽系シミュレーター	SSSP＝編
BC06	JMP活用 統計学とっておき勉強法	新村秀一

ブルーバックス 医学・薬学・人間・心理関係書(I)

569	毒物雑学事典	大木幸介
921	自分がわかる心理テスト	芦原睦/戴作屋睦監修
1021	人はなぜ笑うのか	志水彰/角辻豊/中村真
1063	自分がわかる心理テストPART2	桂戴作/芦原睦監修
1083	格闘技「奥義」の科学	吉福康郎
1117	脳内不安物質	上田敏
1176	リハビリテーション	浜窪隆雄
1184	超常現象をなぜ信じるのか	児玉龍彦
1223	自己治癒力を高める	菊池聡
1229	姿勢のふしぎ	成瀬悟策
1230	脳内不安物質	貝谷久宣
1231	考える血管	川村則行
1240	「食べもの情報」ウソ・ホント	髙橋久仁子
1251	心は量子で語れるか	ロジャー・ペンローズ/中村和幸訳
1258	ワインの科学	清水健一
1306	男が知りたい女のからだ	河野美香
1315	心はどのように遺伝するか	N・カートライト/S・ホーキング/安藤寿康訳
1323	記憶力を強くする	池谷裕二
1335	マンガ 心理学入門	N・C・ベンソン/大前泰彦訳/清水佳苗
1351	マンガ リラクセーション	成瀬悟策
1391	マンガ 脳科学入門	O・サラーティ=絵/A・ゲラトゥリ=文/小林司訳

1418	ミトコンドリア・ミステリー	林純一
1427	「食べもの神話」の落とし穴	髙橋久仁子
1431	筋肉はふしぎ	杉晴夫
1432	新・脳の探検(上)	フロイド・E・ブルーム他/中村克樹/久保田競=監訳
1435	新・脳の探検(下)	フロイド・E・ブルーム他/中村克樹/久保田競=監訳
1439	アミノ酸の科学	櫻庭雅文
1472	味のなんでも小事典	日本味と匂学会=編
1473	DNA(上)	ジェームス・D・ワトソン/アンドリュー・ベリー/青木薫訳
1500	DNA(下)	ジェームス・D・ワトソン/アンドリュー・ベリー/青木薫訳
1514	脳から見たリハビリ治療	久保田競/宮井一郎=編著
1523	記憶と情動の脳科学	ジェームズ・L・マッガウ/大石高生/久保田競監訳
1528	生体電気信号とはなにか	杉晴夫
1531	皮膚感覚の不思議	山口創
1538	新・細胞を読む	山科正平
1541	進化しすぎた脳	池谷裕二
1551	新しい薬をどう創るか	京都大学大学院薬学研究科=編
1570	現代免疫物語	岸本忠三/中嶋彰
1571	脳研究の最前線(上)	理化学研究所脳科学総合研究センター=編
1582	脳研究の最前線(下)	理化学研究所脳科学総合研究センター=編
1585	DVD&図解 見てわかるDNAのしくみ	工藤光子/中村桂子
	アレルギーはなぜ起こるか	斎藤博久

ブルーバックス　医学・薬学・人間・心理関係書(Ⅱ)

1604	ストレスとはなんだろう	杉　晴夫
1626	進化から見た病気	栃内　新
1631	分子レベルで見た薬の働き　第2版	平山令明
1633	新・現代免疫物語　「抗体医薬」と「自然免疫」の驚異	岸本忠三/中嶋彰
1647	インフルエンザ　パンデミック	河岡義裕/堀本研子
1654	謎解き・人間行動の不思議	北原義典
1655	細胞発見物語	山科正平
1662	老化はなぜ進むのか	近藤祥司
1668	マンガ　精神分析学入門　オスカー・サラーティ"絵"	アイヴァン・ワード/小林司訳
1685	メタボの常識・非常識	田中秀一
1686	麻酔の科学	諏訪邦夫
1688	武術「奥義」の科学　第2版	吉福康郎
1695	ジムに通う前に読む本	桜井静香
1700	人体再生に挑む	東嶋和子
1701	光と色彩の科学	齋藤勝裕
1702	男が知りたい女の「気持ち」	田村秀子
1703	マンガ　ユング心理学入門　マイケル・マクギネス"絵"	マギー・ハイド"文"/小林司訳
1705	睡眠の科学	櫻井　武
1706	失われた「医療先進国」	NHK取材班/岩堀修明
1712	図解　感覚器の進化	岩堀修明
1718	小事典　からだの手帖（新装版）	高橋長雄
1727	iPS細胞とはなにか	朝日新聞大阪本社科学医療グループ/石川幹人
1732	人はなぜだまされるのか	石川幹人
1735	死因不明社会2　なぜAiが必要なのか	海堂尊編著/塩谷清司/山本正二/守山英行/長谷川剛/飯野守男/高野英行
1752	数字で読み解くからだの不思議	竹内修二監修
1758	東日本大震災　石巻災害医療の全記録	石井正
1760	声のなんでも小事典	米山文明監修
1761	女の一生の「性」の教科書	河野美香
1771	呼吸の極意	永田晟
1787	咳の気になる人が読む本	加藤治文/福島茂
1789	食欲からみた認知症	櫻井武
1790	いつか罹る病気に備える本	伊古田俊夫
1794	「魅せる声」のつくり方	塚崎朝子
1796	ジムに通う人の栄養学	篠原さなえ
1807	栄養学を拓いた巨人たち	岡村浩嗣
1811	からだの中の外界　腸のふしぎ	上野川修一
1812	リンパの科学	加藤征治
1820	エピゲノムと生命	太田邦史
1829	単純な脳、複雑な「私」	池谷裕二
1830	新薬に挑んだ日本人科学者たち	塚﨑朝子

ブルーバックス　医学・薬学・人間・心理関係書(Ⅲ)

1839	血液型で分かるなりやすい病気・なりにくい病気	永田 宏
1842	記憶のしくみ（上）	エリック・R・カンデル　小西史朗／桐野 豊 監修
1843	記憶のしくみ（下）	エリック・R・カンデル　小西史朗／桐野 豊 監修
1853	図解　内臓の進化	岩堀修明
1854	カラー図解　EURO版　バイオテクノロジーの教科書（上）	ラインハート・レンネベルク　田中暉夫／奥原正國 訳　小林達彦 監修
1855	カラー図解　EURO版　バイオテクノロジーの教科書（下）	ラインハート・レンネベルク　西山広子／奥原正國 訳　小林達彦 監修
1859	放射能と人体	落合栄一郎
1874	もの忘れの前に読む本	苧阪満里子
1877	山に登る前に読む本	能勢 博
1884	驚異の小器官　耳の科学	杉浦彩子
1889	社会脳からみた認知症	伊古田俊夫
1892	「進撃の巨人」と解剖学	布施英利
1896	新しい免疫入門	審良静男　黒崎知博

ブルーバックス　事典・辞典・図鑑関係書(I)

- 325 現代数学小事典　寺阪英孝=編
- 569 毒物雑学事典　大木幸介
- 1032 フィールドガイド・アフリカ野生動物　小倉寛太郎
- 1150 音のなんでも小事典　日本音響学会=編
- 1188 金属なんでも小事典　増本健=監修 ウォーク=編著
- 1236 飛行機のメカニズム　柳生一
- 1346 図解 ヘリコプター　鈴木英夫
- 1420 図解 理系のための英語便利帳　倉島保美/榎本智子/黒木博=絵
- 1439 味のなんでも小事典　日本味と匂学会=編
- 1484 単位171の新知識　星田直彦
- 1520 図解 つくる電子回路　宮本昌幸
- 1553 図解 鉄道の科学　宮本昌幸
- 1579 図解 船の科学　池田良穂
- 1614 図解 コンクリートなんでも小事典　土木学会関西支部=編 井上晋=他
- 1624 料理のなんでも小事典　日本調理科学会=編
- 1642 新・物理学事典　大槻義彦/大場一郎=編
- 1660 図解 電車のメカニズム　宮本昌幸=編著
- 1667 太陽系シミュレーター Windows/Vista対応　DVD-ROM付 SSSP=編
- 1676 図解 住宅建築なんでも小事典　土木学会関西支部=編 田中輝彦/渡邊英一=他
- 1679 図解 橋の科学　大野隆司
- 1683 図解 超高層ビルのしくみ　鹿島=編

- 1689 図解 旅客機運航のメカニズム　三澤慶洋
- 1691 DVD-ROM&図解 動く！深海生物図鑑　ビバマンボ/北村雄一
- 1698 図解 ボーイング787 vs. エアバスA380　三宅裕志/佐藤孝子=監修
- 1708 図解 テレビの仕組み　日本香辛料研究会=編
- 1712 図解 気象学入門　古川武彦/大木勇人
- 1717 図解 からだの科学　高橋長雄
- 1718 小事典 「ふしぎ現象」（新装版）　川辺謙一
- 1721 図解 感覚器の進化　岩堀修明
- 1734 図解 地下鉄の科学　川辺謙一
- 1748 クジラ・イルカ生態写真図鑑　水口博也
- 1751 スパイスなんでも小事典　日本香辛料研究会=編
- 1759 日本の原子力施設全データ 完全改訂版　北村行孝/三島勇
- 1761 声のなんでも小事典　低温工学・超電導学会=編
- 1762 完全図解 宇宙手帳　青木謙知
- 1778 図解 台風の科学　青木則夫
- 1779 図解 新幹線運行のメカニズム　川辺謙一
- 1781 図解 カメラの歴史　神立尚紀
- 1805 元素111の新知識 第2版増補版　桜井弘=編
- 1806 新・天文学事典　谷口義明=監修
- 1834 図解 プレートテクトニクス入門　木村学/大木勇人
- 1840 図解 首都高速の科学　川辺謙一

ブルーバックス　パズル・クイズ関係書

988	論理パズル101	デル・マガジンズ社=編　小野田博一=編訳
1353	算数パズル「出しっこ問題」傑作選	仲田紀夫
1368	論理パズル「出しっこ問題」傑作選	小野田博一
1381	パズル・物理入門(新装版)	都筑卓司
1419	パズルでひらめく補助線の幾何学	中村義作
1423	史上最強の論理パズル	小野田博一
1433	大人のための算数練習帳	佐藤恒雄
1474	クイズ　植物入門	田中修
1489	電子回路シミュレータ入門　増補版　CD-ROM付	加藤ただし
1493	計算力を強くする	鍵本聡
1536	計算力を強くするpart2	鍵本聡
1547	広中杯　ハイレベル中学数学に挑戦　完全ドリル	算数オリンピック委員会=編　青木亮二=解説
1629	計算力を強くする	鍵本聡
1693	10歳からの論理パズル「迷いの森」のパズル魔王に挑戦!	小野田博一
1694	傑作!　数学パズル50	小泓正直
1720	傑作!　物理パズル50	ポール・G・ヒューイット作　松森靖夫=編訳
1740	マンガで読む　計算力を強くする	がそんみは=マンガ　銀杏社=構成　竹内修二=監修
1752	数字で読み解くからだの不思議	竹内修二=監修　エディット=編
1808	算数オリンピックに挑戦　'08〜'12年度版	算数オリンピック委員会=編
1833	超絶難問論理パズル	小野田博一
1864	科学検定公式問題集　5・6級	桑子研／竹内薫／竹田淳一郎=監修

ブルーバックス 経営科学関係書

35	計画の科学	加藤昭吉
116	推計学のすすめ	佐藤 信
1552	「計画力」を強くする	加藤昭吉
1783	知識ゼロからのExcelビジネスデータ分析入門	住中光夫
1784	確率・統計でわかる「金融リスク」のからくり	吉本佳生
1838	読解力を強くする算数練習帳	佐藤恒雄
1866	暗号が通貨になる「ビットコイン」のからくり	吉本佳生 西田宗千佳

ブルーバックス12cm CD-ROM付

BC06 JMP活用 統計学とっておき勉強法　新村秀一